乡村振兴之人才振兴

乡村振兴之"三农"政策

◎ 李根强　王　平　李红俊　主编

中国农业科学技术出版社

图书在版编目(CIP)数据

乡村振兴之"三农"政策 / 李根强,王平,李红俊主编. --北京:中国农业科学技术出版社,2022.2
ISBN 978-7-5116-5644-5

Ⅰ.①乡… Ⅱ.①李…②王…③李… Ⅲ.①三农政策-中国-学习参考资料 Ⅳ.①F320

中国版本图书馆 CIP 数据核字(2021)第 270861 号

责任编辑　崔改泵
责任校对　李向荣
责任印制　姜义伟　王思文

出 版 者	中国农业科学技术出版社
	北京市中关村南大街 12 号　邮编:100081
电　　话	(010)82109194(编辑室)　(010)82109702(发行部)
	(010)82109709(读者服务部)
传　　真	(010)82109698
网　　址	http://www.castp.cn
经 销 者	各地新华书店
印 刷 者	北京富泰印刷有限责任公司
开　　本	148 mm×210 mm　1/32
印　　张	5.125
字　　数	143 千字
版　　次	2022 年 2 月第 1 版　2022 年 2 月第 1 次印刷
定　　价	32.00 元

※版权所有・翻印必究※

《乡村振兴之"三农"政策》编委会

主　编：李根强　王　平　李红俊
副主编：吴岳恒　谢红战　王静丽　王登良
　　　　王宗学　王越兴　李继业　秦仪燕
　　　　刘　红　刘明辉　侯学亮　贾建平
　　　　沈学梅　卢建春　史建国　乔存金
　　　　陈　欢　周艳勇　崔振尧　邓　栋
　　　　张亚利　张新春
编　委：薛　源　张程鹏　韦成谋　陈典典
　　　　陈　月　黄恒文　张　芳　张　琛
　　　　冯红芝　余和平　王　东　曹　君

前　言

　　"民以食为天"，粮食是人类最基本的生存资料，从这个意义上来说，农业是人类衣食之源、生存之本，是一切生产的首要条件。它为国民经济其他部门提供粮食、副食品、工业原料、资金和出口物资。国家要发展百年大计，而农业就是发展百年大计之本，只有农业发展建设好了才能够有效促进国家经济发展，最终实现国家全面发展。

　　在我国全面建成小康社会的征程中，短板在农村，最艰巨最繁重的任务在农村，最广泛最深厚的基础在农村，最大的潜力和后劲也在农村。党和国家一直以来高度重视对农业、农民、农村的支持与保护，不断构建完善的支持和保护农业农村发展的政策体系。党的十九大报告从全局和战略高度，明确提出要坚持农业农村优先发展，坚持把解决好"三农"问题作为全党工作的重中之重，走中国特色社会主义乡村振兴道路，全面实施乡村振兴战略。面对新形势、新机遇，及时广泛宣传与贯彻农业农村发展政策有利于发挥政策的引导作用，增强农民的从业信心，实现现代农业的高质量发展。为此，我们特编写此书。

　　本书语言通俗易懂，条分缕析，内容全面，综合了国家最新强农惠农富农政策。本书可作为农民教育培训教材使用，也可以作为农业从业者实际生产经营的参考用书。

　　由于政策更新较快，读者参考本书时应注意最新政策信息，编者水平有限，敬请广大读者批评指正。

编　者

2021 年 10 月

目 录

一、乡村振兴战略概览 …………………………………………（1）
 （一）实施乡村振兴战略的意义 ……………………………（1）
 （二）乡村振兴战略的目标 …………………………………（2）
 （三）实施乡村振兴战略的基本原则 ………………………（3）

二、农业生产支持保护政策 ……………………………………（7）
 （一）玉米、大豆生产者补贴政策 …………………………（7）
 （二）小麦、稻谷最低收购价政策 …………………………（9）
 （三）稻谷生产者补贴政策 …………………………………（12）
 （四）耕地地力保护补贴政策 ………………………………（15）
 （五）农机购置补贴政策 ……………………………………（18）
 （六）农机报废更新补贴政策 ………………………………（24）
 （七）农机深松整地作业补助政策 …………………………（29）
 （八）新疆棉花目标价格补贴政策 …………………………（32）
 （九）渔业油价补贴政策 ……………………………………（34）

三、农产品生产和流通政策 ……………………………………（40）
 （一）农业生产社会化服务政策 ……………………………（40）
 （二）优势特色产业集群发展政策 …………………………（42）
 （三）振兴奶业支持苜蓿发展政策 …………………………（43）
 （四）生猪生产支持政策 ……………………………………（45）

四、农村创新创业政策 …………………………………………（48）
 （一）农村创业贷款政策 ……………………………………（48）
 （二）农民工返乡创业政策 …………………………………（50）

(三)创业税收优惠政策 …………………………………(60)

五、农村产业发展支持政策 …………………………………(63)
  (一)人才支持政策 …………………………………………(63)
  (二)科技支持政策 …………………………………………(66)
  (三)信息服务支持政策 ……………………………………(68)
  (四)农村基础设施建设支持主要政策 ……………………(76)

六、农村金融和财税基本政策 ………………………………(78)
  (一)农村金融 ………………………………………………(78)
  (二)农业保险 ………………………………………………(82)
  (三)农村税收 ………………………………………………(85)

七、新型农业经营主体发展政策 ……………………………(89)
  (一)家庭农场发展政策 ……………………………………(89)
  (二)农民专业合作社发展政策 ……………………………(91)
  (三)农业产业化联合体发展政策 …………………………(96)

八、农村医疗和社会养老保险政策 …………………………(99)
  (一)农村医疗保险政策 ……………………………………(99)
  (二)新型农村社会养老保险 ………………………………(101)

九、农业防灾减灾政策 ………………………………………(107)
  (一)农业保险政策 …………………………………………(107)
  (二)动物疫病防控政策 ……………………………………(114)
  (三)农业生产救灾政策 ……………………………………(118)

十、农村土地政策 ……………………………………………(121)
  (一)土地承包关系稳定并长久不变政策 …………………(121)
  (二)农村土地"三权分置"政策 …………………………(124)
  (三)高标准农田建设政策 …………………………………(127)
  (四)耕地轮作休耕制度 ……………………………………(130)

(五)东北黑土地保护利用政策 ……………………(132)

十一、农业绿色发展政策 …………………………………(138)

(一)《中共中央、国务院关于全面推进乡村振兴加快农业农村现代化的意见》(2021年中央1号文件) ………(138)

(二)2020年农业农村绿色发展工作要点 …………(139)

(三)畜禽粪污资源化利用政策 ……………………(145)

(四)农膜回收利用政策 ……………………………(147)

(五)果菜茶有机肥替代化肥政策 …………………(149)

参考文献 ……………………………………………………(153)

一、乡村振兴战略概览

(一)实施乡村振兴战略的意义

党的十九大作出中国特色社会主义进入新时代的科学论断,提出实施乡村振兴战略的重大历史任务,在我国"三农"发展进程中具有划时代的里程碑意义。

实施乡村振兴战略是建设美丽中国的关键举措。农业是生态产品的重要供给者,乡村是生态涵养的主体区,生态是乡村最大的发展优势。乡村振兴,生态宜居是关键。实施乡村振兴战略,统筹山水林田湖草系统治理,加快推行乡村绿色发展方式,加强农村人居环境整治,有利于构建人与自然和谐共生的乡村发展新格局,实现百姓富、生态美的统一。

实施乡村振兴战略是健全现代社会治理格局的固本之策。社会治理的基础在基层,薄弱环节在乡村。乡村振兴,治理有效是基础。实施乡村振兴战略,加强农村基层基础工作,健全乡村治理体系,确保广大农民安居乐业、农村社会安定有序,有利于打造共建共治共享的现代社会治理格局,推进国家治理体系和治理能力现代化。

实施乡村振兴战略是建设现代化经济体系的重要基础。农业是国民经济的基础,农村经济是现代化经济体系的重要组成部分。乡村振兴,产业兴旺是重点。实施乡村振兴战略,深化农业供给侧结构性改革,构建现代农业产业体系、生产体系、经营体系,实现农村一二三产业深度融合发展,有利于推动农业从增产导向转向提质导向,增强我国农业创新力和竞争力,为建设现代化经济体系奠

定坚实基础。

实施乡村振兴战略是实现全体人民共同富裕的必然选择。农业强不强、农村美不美、农民富不富,关乎亿万农民的获得感、幸福感、安全感,关乎全面建成小康社会全局。乡村振兴,生活富裕是根本。实施乡村振兴战略,不断拓宽农民增收渠道,全面改善农村生产生活条件,促进社会公平正义,有利于增进农民福祉,让亿万农民走上共同富裕的道路,汇聚起建设社会主义现代化强国的磅礴力量。

实施乡村振兴战略是传承中华优秀传统文化的有效途径。中华文明根植于农耕文化,乡村是中华文明的基本载体。乡村振兴,乡风文明是保障。实施乡村振兴战略,深入挖掘农耕文化蕴含的优秀思想观念、人文精神、道德规范,结合时代要求,在保护传承的基础上创造性转化、创新性发展,有利于在新时代焕发出乡风文明的新气象,进一步丰富和传承中华优秀传统文化。

(二)乡村振兴战略的目标

党的十九大报告中强调要"实施乡村振兴战略",并分别设定了到 2020 年、2022 年、2035 年、2050 年的目标任务。

1. 乡村振兴战略的近期目标

到 2020 年,乡村振兴的制度框架和政策体系基本形成,各地区各部门乡村振兴的思路举措得以确立,全面建成小康社会的目标如期实现。

到 2022 年,乡村振兴的制度框架和政策体系初步健全。国家粮食安全保障水平进一步提高,现代农业体系初步构建,农业绿色发展全面推进;农村一二三产业融合发展格局初步形成,乡村产业加快发展,农民收入水平进一步提高,脱贫攻坚成果得到进一步巩固;农村基础设施条件持续改善,城乡统一的社会保障制度体系基本建立;农村人居环境显著改善,生态宜居的美丽乡村建设扎实推

一、乡村振兴战略概览

进;城乡融合发展体制机制初步建立。农村基本公共服务水平进一步提升;乡村优秀传统文化得以传承和发展,农民精神文化生活需求基本得到满足;以党组织为核心的农村基层组织建设明显加强,乡村治理能力进一步提升。现代乡村治理体系初步构建。探索形成一批各具特色的乡村振兴模式和经验,乡村振兴取得阶段性成果。

2. 乡村振兴战略的远景谋划

到2035年,乡村振兴取得决定性进展,农业农村现代化基本实现。农业结构得到根本性改善,农民就业质量显著提高,相对贫困进一步缓解,共同富裕迈出坚实步伐;城乡基本公共服务均等化基本实现,城乡融合发展体制机制更加完善;乡风文明达到新高度,乡村治理体系更加完善;农村生态环境根本好转,生态宜居的美丽乡村基本实现。

到2050年,乡村全面振兴,农业强、农村美、农民富的宏伟目标全面实现。

(三)实施乡村振兴战略的基本原则

1. 坚持党管农村工作

党管农村工作是我们党的一个传统,是实施乡村振兴战略的一个重大原则。农村工作在党和国家的各项工作中始终具有战略性、基础性地位和作用,党中央也始终把农业、农民和农村问题列为各项工作重中之重,毫不动摇地坚持和加强党对农村工作的领导,健全党管农村工作方面的领导体制机制和党内法规,确保党在农村工作中始终总揽全局、协调各方,为乡村振兴提供坚强有力的政治保障。

2. 坚持农业农村优先发展

党的十九大报告从全局和战略高度,明确提出坚持农业农村

优先发展,这是一个重大战略思想,是党中央着眼"两个一百年"奋斗目标的目标导向和农业农村短腿短板问题的问题导向做出的战略安排,表明在全面建设社会主义现代化国家新征程中,要始终坚持把解决好"三农"问题作为全党工作重中之重,真正把它摆在优先位置。坚持农业农村优先发展,就是要加大对农业农村发展的支持力度,把实现乡村振兴作为全党的共同意志、共同行动,做到认识统一、步调一致,在干部配备上优先考虑,在要素配置上优先满足,在资金投入上优先保障,在公共服务上优先安排,加快补齐农业农村短板。

3. 坚持农民主体地位

农民是农业的主体,是乡村振兴的主力军。习近平指出:"农村经济社会发展,说到底,关键在人;要通过富裕农民、提高农民、扶持农民,让农业经营有效益,让农业成为有奔头的产业,让农民成为体面的职业。"乡村发展的本质是人的发展。实施乡村振兴战略,应坚持以农民为主体地位不动摇,充分尊重农民意愿,切实发挥农民在乡村振兴中的主体作用,调动亿万农民的积极性、主动性、创造性,把维护农民群众根本利益、促进农民共同富裕作为出发点和落脚点,促进农民持续增收,不断提升农民的获得感、幸福感、安全感。

4. 坚持乡村全面振兴

实施乡村振兴战略,总要求是产业兴旺、生态宜居、乡风文明、治理有效、生活富裕,这是一个各方面协调发展的、乡村全面振兴的美丽图景。乡村振兴就是要推动农业全面升级、农村全面进步、农民全面发展,使乡村各方面建设全面推进、协调发展。实施乡村振兴战略,就要准确把握乡村振兴的科学内涵,挖掘乡村多种功能和价值,统筹谋划农村经济建设、政治建设、文化建设、社会建设、生态文明建设和党的建设,注重协同性、关联性,整体部署,协调推进。

5. 坚持城乡融合发展

我国工农及城乡关系经历了从农业支持工业、农村支持城市到以城带乡、以工补农的发展过程。进入新时代,将是城乡融合发展的新时期。中央农村工作会议指出,走好中国特色社会主义乡村振兴道路,必须重塑城乡关系,走城乡融合发展之路。要坚持以工补农、以城带乡,把公共基础设施建设的重点放在农村,推动农村基础设施建设提档升级,优先发展农村教育事业,促进农村劳动力转移就业和农民增收,加强农村社会保障体系建设,推进健康乡村建设,持续改善农村人居环境,逐步建立健全全民覆盖、普惠共享、城乡一体的基本公共服务体系,让符合条件的农业转移人口在城市落户定居,推动新型工业化、信息化、城镇化、农业现代化同步发展,加快形成工农互促、城乡互补、全面融合、共同繁荣的新型工农城乡关系。

6. 坚持人与自然和谐共生

牢固树立和践行"绿水青山就是金山银山"的理念,落实节约优先、保护优先、自然恢复为主的方针,统筹山水林田湖草系统治理,严守生态保护红线,以绿色发展引领乡村振兴。

7. 坚持改革创新、激发活力

不断深化农村改革,扩大农业对外开放,激活主体、激活要素、激活市场,调动各方力量投身乡村振兴。以科技创新引领和支撑乡村振兴,以人才汇聚推动和保障乡村振兴,增强农业农村自我发展动力。

8. 坚持因地制宜、循序渐进

我国农村区域广阔、类型复杂,实施乡村振兴战略,一定要走符合农村实际的路子,遵循乡村发展规律,因地制宜、因势利导,保留乡村特色风貌。乡村振兴是一个长期的过程,必须一步一个脚印,踏踏实实、循序渐进。科学把握乡村的差异性和发展走势分化特征,做好顶层设计,注重规划先行、因势利导、分类施策、突出重点,体现特色、丰富多彩。既尽力而为,又量力而行,不搞层层加码,不搞一刀切,不搞形式主义和形象工程,久久为功,扎实推进。

二、农业生产支持保护政策

在我国农业政策体系中,农业生产支持保护政策是不可忽视的重要内容。自2004年以来我国连续18年发布以"三农"为主题的中央1号文件,而农业生产支持保护政策体系也从无到由,得到逐步完善,在促进农业产业发展、推进农业农村现代化过程中发挥了重要作用。

(一)玉米、大豆生产者补贴政策

辽宁、吉林、黑龙江、内蒙古(以下简称东北三省一区)是我国玉米、大豆的主要产区,也是国家实施玉米、大豆生产者补贴政策的地区。这一政策的实施可以深入推进玉米"市场定价、价补分离"改革,调整完善大豆补贴政策,保障玉米和大豆生产者基本收益,促进种植结构调整,加快推进实施农业供给侧结构性改革,提高农业发展质量和效益。

玉米和大豆价格由市场决定,实施市场化收购。同时,国家建立完善玉米和大豆生产者补贴制度,对玉米和大豆生产者发放补贴,保障优势产区农民收益基本稳定,促进种植结构调整,支持深化农业供给侧结构性改革。

1. 补贴对象与面积

东北三省一区玉米、大豆生产者是此项政策的直接补贴对象。各相关省(自治区)辖区范围内玉米和大豆合法实际种植面积的实际生产者(包括农民、农民专业合作社、企事业单位等)均可获得此项补贴。补贴资金直接发放给实际生产者。

补贴面积为基期面积范围内的玉米、大豆合法实际种植面积。

基期面积已于前期核定完毕,2020—2022年保持不变。

实际种植面积的确定程序如下:各地农业农村部门等有关部门对辖区内玉米和大豆实际种植者申报的玉米和大豆种植面积开展入户调查和地块实地核实工作,并进行张榜公示,确保玉米和大豆合法实际种植面积数据真实准确。也就是说,实际种植面积每年都要核定。

如果核定面积没有超过基期面积,则以实际面积作为补贴面积;如果核定面积超过基期面积,则以基期面积为补贴面积,多于基期面积的部分不能享受补贴。

国家及各相关省(自治区)明确退耕的土地、未经批准开垦耕种的土地或者禁止开垦耕种的土地等非合法耕地上的种植面积、虚报面积,这些都不能享受补贴。

2. 补贴标准

东北三省一区玉米、大豆生产者补贴并没有统一标准,各相关省(自治区)可以结合当地实际情况测算、确定玉米和大豆每亩补贴标准。比如,黑龙江省实行全省统一的补贴标准,当地政府会在玉米播种后、收获前调查统计各地各农户的玉米合法实际种植面积,财政和农业农村部门再根据国家下发的补贴总额与核定的合法种植面积,测算出当年全省玉米生产者单位面积获得的补贴标准。每年不同省份,甚至同一省份内部补贴方法和补贴标准都有所不同,农民群众可以向当地农业农村部门和财政部门具体咨询。

3. 补贴申领流程

补贴申领流程如图2-1所示。

第一步,农户申报。各地生产者要及时向所在村委会上报种植面积、地块名称。村委会核实并编制玉米、大豆种植花名册,由经手人和村领导签字盖章后,汇报所在地区镇政府。花名册内容包括种植者姓名、身份证号、二轮延包面积、其他耕地面积、地块名称、土地承包合同证明、一卡通号、玉米或大豆合法种植面积等。

二、农业生产支持保护政策

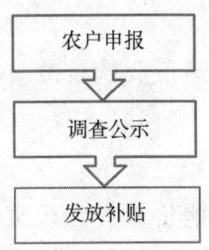

图2-1 玉米、大豆生产者补贴申领流程

第二步,调查公示。政府有关部门及时对申报的面积进行调查核实,并进行公示,公示期不少于7天。

第三步,发放补贴。财政、农业农村等有关部门审核公示的补贴面积,作为发放补贴依据。补贴资金通过"一卡通"或"一折通"等形式发放给生产者,严禁发放现金。

(二)小麦、稻谷最低收购价政策

粮食安全关乎国家安全。为了保护种粮农民利益、保障国家粮食安全,国家出台了粮食最低收购价政策。一般情况下,粮食收购价格受市场供求影响,国家在充分发挥市场机制作用的基础上实行宏观调控,必要时由国务院决定对短缺的重点粮食品种,在粮食主产区实行最低收购价。当市场粮价低于国家确定的最低收购价时,国家委托符合一定资质条件的粮食企业,按国家确定的最低收购价收购农民的粮食。目前执行最低收购价政策的粮食品种是小麦和稻谷。

1. 实行政策省份

(1)小麦执行区域为河北、河南、江苏、安徽、山东、湖北6省。

(2)早籼稻执行区域为江西、安徽、湖北、湖南、广西5省(自治区)。

(3)中晚稻(包括中晚籼稻和粳稻)执行区域为安徽、江苏、江西、河南、湖北、湖南、广西、四川、辽宁、吉林、黑龙江11省(自治

区）。

其他省份是否实行最低收购价政策,由省级人民政府自主决定。

2. 执行政策时间

小麦和稻谷最低收购价只有在政策执行时间段才能启动,其中:

(1)小麦执行时间为当年6月1日至9月30日。

(2)早籼稻执行时间为当年8月1日至9月30日。

(3)中晚稻(包括中晚籼稻和粳稻)执行时间为:江苏、安徽、江西、河南、湖北、湖南、广西、四川8省(自治区)当年10月10日至翌年1月31日,辽宁、吉林、黑龙江3省当年11月1日至翌年2月末。

3. 政策启动

在上文执行省份和时间内,当小麦、稻谷市场收购价持续3天低于国家公布的最低收购价时,由中国储备粮管理集团有限公司分公司会同省级粮食、价格、农业农村、农业发展银行等部门和单位提出启动预案的建议,经中国储备粮管理集团有限公司报国家粮食和物资储备局批准,在省(自治区)内符合条件的相关地区启动最低收购价政策预案。

4. 粮食标准

执行最低收购价的粮食,应为当年生产且符合3等及以上国家标准,4等及以下的粮食由地方政府组织引导实行市场化收购。小麦具体质量标准按国家标准(GB 1351—2008)执行,稻谷具体质量标准按国家标准(GB 1350—2009)执行。

小麦质量各项要求见表2-1,稻谷质量各项要求见表2-2、表2-3。

二、农业生产支持保护政策

表2-1 小麦质量要求

等级	容重(克/升)	不完善粒(%)	杂质(%) 总量	杂质(%) 其中:矿物质	水分(%)	色泽、气味
1	≥790	≤6.0				
2	≥770	≤6.0				
3	≥750	≤8.0	≤1.0	≤0.5	≤12.5	正常
4	≥730	≤8.0				
5	≥710	≤10.0				
等外	<710	-				

注:"-"为不要求,下同。

表2-2 早籼稻谷、晚籼稻谷、籼糯稻谷质量要求

等级	出糙率(%)	整精米率(%)	杂质含量(%)	水分含量(%)	黄粒米含量(%)	谷外糙米含量(%)	互混率(%)	色泽、气味
1	≥79.0	≥50.0						
2	≥77.0	≥47.0						
3	≥75.0	≥44.0	≤1.0	≤13.5	≤1.0	≤2.0	≤5.0	正常
4	≥73.0	≥41.0						
5	≥71.0	≥38.0						
等外	<71.0	-						

表2-3 粳稻谷、粳糯稻谷质量指标

等级	出糙率(%)	整精米率(%)	杂质含量(%)	水分含量(%)	黄粒米含量(%)	谷外糙米含量(%)	互混率(%)	色泽、气味
1	≥81.0	≥61.0						
2	≥79.0	≥58.0						
3	≥77.0	≥55.0	≤1.0	≤14.5	≤1.0	≤2.0	≤5.0	正常
4	≥75.0	≥52.0						
5	≥73.0	≥49.0						
等外	<73.0	-						

5. 收购价格

最低收购价是指承担最低收购价收购任务的收储库点向农民直接收购标准品的到库价(这个价格是指包括了运费、装卸费,以及运输途中发生的其他费用分摊至粮食价格中的部分,农民最终的收入为粮食产量乘以到库价,发生的其他费用由收购商承担),具体价格水平以国家发展和改革委员会等有关部门公布的当年最低收购价为准,相邻等级之间等级差价按每千克 0.04 元掌握。

6. 政策执行机构

卖粮农民只有将小麦、稻谷卖到有资质的收购企业才能享受最低收购价。换句话说,只有符合资质的收购企业才能执行小麦、稻谷最低收购价政策。

在最低收购价预案启动前,有关部门会将当地所有委托收储库点名称、地址、最低收购价和联系电话,通过当地主要新闻媒体向社会公布。

按照国家粮食和物资储备局等 6 部门联合发布的《小麦和稻谷最低收购价执行预案》有关规定,收购资金直接支付给售粮者。如果出现粮款欠付、克扣等情况,可向有关部门举报。在所有收购库点,都张贴有监督举报电话,也可以拨打"12315"热线电话或通过国家粮食和物资储备局网站"全国粮食流通监管热线"进行举报和投诉。

(三)稻谷生产者补贴政策

为落实国家粮食安全战略,推进农业供给侧结构性改革,增加绿色优质粮食产品供给,促进农民持续增收,国家在稻谷主产省份实施稻谷生产者补贴政策。

1. 补贴对象与省份

稻谷生产者补贴对象为稻谷实际生产者,包括种植水稻的农

二、农业生产支持保护政策

户和规模经营主体(同一田块不得重复登记)。

需要强调的是,这里的生产者指的是实际种植稻谷的人,而非土地确权所有者。

以下行为违反补贴政策规定:

(1)编造、伪造虚假村组、农户姓名,签订虚假土地租赁合同,虚报、冒领补贴资金的;

(2)审核把关不严,造成农户虚报、多报补贴面积的;

(3)村组或其他组织及个人重复领取补贴资金的;

(4)用补贴资金直接抵扣农户贷款、抵缴其他费用或变相抵扣挪用的;

(5)截留、挤占、挪用补贴资金的。

此项政策主要在我国稻谷主产省份实施,具体包括安徽、江西、湖北、湖南、广西、辽宁、吉林、黑龙江、江苏、河南、湖北、四川。

2. 补贴标准

每个县根据当地实际执行补贴标准,每年的补贴标准也会有所变化,农民朋友需咨询当地农业农村部门,了解当年的稻谷生产者补贴标准。

对稻谷生产者自有的耕地,补贴面积为确权证内实际种植水稻的面积,对稻谷生产者承包的耕地,补贴面积为承包合同中实际种植水稻的面积(提供有效种植合同)。如果稻谷生产者既有自有耕地也有承包耕地,则补贴面积为二者面积之和中实际种植水稻的面积。同一块耕地,稻谷生产者补贴只补1次,即只能有1个主体享受补贴,不得重复补贴。

稻谷生产者补贴资金会一次性发放,发放结束后,再发现的遗漏不可补发。以农民专业合作社成员名义申报或以种植大户名义申报都可以。但同一年度内,每个生产者只能领取1次补贴,不得重复领取补贴。因露天焚烧秸秆或违规使用不合格肥料、禁限用农药等投入品,受到生态环境、农业农村等相关部门处罚的生产者,会取消其当年申报补贴资格。

3. 补贴申领流程

稻谷补贴申领流程如图2-2所示。

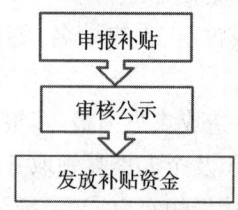

图2-2 稻谷补贴申领流程

第一步,申报补贴。稻谷生产者向村委会申报补贴,填写申报表,并提供相应的证明材料。申报者要对所填报的内容和数据真实性负责,签字确认。

第二步,审核公示。村委会对申报材料进行审核,审核通过后统一盖章报乡镇人民政府。乡镇人民政府核实后,在村级公示7天,公示期满后报上级农业农村局、财政局汇总,进行补贴标准测算,并最终报市人民政府。

第三步,发放补贴资金。经市人民政府批准通过,向农户发放补贴资金。对普通农户,由乡镇财政所通过农户的农业补贴"一卡通"或"一折通"发放。对种植大户(家庭农场)、农民专业合作社、农业企业等新型粮食生产经营主体,由乡镇财政所通过金融机构转账支付。

生产者领取稻谷生产者补贴,需填报补贴申报表,还须提交以下材料:

①农业企业,提交营业执照、租赁耕地的合同、农资采购凭证、雇用工人工资发放凭证等。

②种粮大户(家庭农场),提交耕地租赁合同,没有合同的,要单独出具有所在村屯的村民证明人签字、村委会审核意见和盖章

二、农业生产支持保护政策

的证明。

③普通农户,提交土地确权登记证,仍未发证的和代耕他人稻田的,提供有所在村村民证明人签字、村委会审核意见和盖章的证明。

④农民专业合作社,提交登记注册营业执照、成员(市场监管部门登记在册的,有市场监管部门盖章)清单及成员的耕地(水田)和种植水稻面积、合作社租赁耕地的合同、农资采购凭证和社员分配档案。成员中存在租赁耕地的,要提供租赁合同和村委会盖章证明。

(四)耕地地力保护补贴政策

对农业补贴政策的有效实施,党中央、国务院一直高度重视,自2004年国家先后实施了农作物良种补贴、种粮农民直接补贴和农资综合补贴等3项补贴政策(以下简称农业"三项补贴"),对于促进粮食生产和农民增收、推动农业农村发展发挥了积极的作用。但随着农业农村发展形势的深刻变化,农业"三项补贴"政策效应递减,政策效能逐步降低。针对这一情况,国家对农业"三项补贴"政策进行了调整改革,将农作物良种补贴、种粮农民直接补贴和农资综合补贴合并为农业支持保护补贴,政策目标调整为支持耕地地力保护和粮食适度规模经营,并于2016年在全国全面推开农业"三项补贴"改革。

1. 什么是耕地地力保护补贴

在农业"三项补贴"的基础上,将原中央财政农资综合补贴资金的80%、中央财政种粮农民直接补贴、中央财政农作物良种补贴合并为耕地地力保护补贴。

耕地地力保护补贴是通过国家财政专项资金对承包了耕地,并保护好耕地质量的所有农户实行补贴的一项扶持政策。

该补贴属于普惠制,补贴对象为所有拥有耕地承包权的农民和

承包了国有农场耕地的农场职工,补贴资金一次性直接补贴到农户。

2. 鼓励补贴资金用途

为引导农民加强农业生态资源保护,自觉提升耕地地力保护,各地创新方式方法,以绿色生态为导向,补贴资金用于以下几个方面:一是鼓励减少农药化肥施用量,用好畜禽粪便,多施农家肥;二是鼓励有效利用农作物秸秆,通过秸秆还田青贮发展食草畜牧业,控制农业面源污染;三是鼓励大力发展节水农业,推广水肥一体化等农业绿色产业发展的重大技术措施,主动保护地力;四是鼓励深松整地,改善土壤耕层结构,提高蓄水保墒和抗旱能力。

3. 补贴依据

补贴依据各地不同,可以是二轮承包耕地面积、计税耕地面积、确权耕地面积或粮食种植面积等,具体以哪一种类型面积或哪几种类型面积为补贴依据,由省级人民政府结合本地实际确定。各地农民可以通过所在省财政局、农业农村局网站了解当地的补贴依据。

补贴标准由各地根据补贴资金总量和确定的补贴依据综合测算确定。

4. 特殊情况

(1)以下几种情况不能获得补贴。

①成片粮田转为设施农业用地。成片粮田转为设施农业用地的情况具体包括两种。一是在设施农业项目区域内,直接用于农产品生产的生产设施用地和附属设施用地。如工业化作物栽培的连栋温室、水产养殖池塘、工厂化养殖池、育种育苗场所、农业生产中必须配套的检验检疫监测用地和环保设施用地。二是农业专业大户、家庭农场、农民专业合作社、农业企业等,经营主体从事粮食生产的配套设施用地。如晾晒场,粮食烘干设施,粮食和农资、农机具临时存放场所用地。

②已经作为畜禽和水产养殖场使用的耕地、林地。

二、农业生产支持保护政策

③抛荒两年及两年以上的抛荒地。

④非农业征(占)用耕地等已改变用途的耕地。

⑤占补平衡中"补"的面积和质量达不到耕种条件的耕地等。

(2)承包地没有种粮食,种的是果树等,也可以拿到补贴。农户在耕地内种植果树、茶叶、瓜果、蔬菜等经济作物,栽种苗木、花卉、景观树等林木,对耕地质量不造成影响的,可以获得补贴。按照补贴范围和补贴对象的规定,只要属于耕地的范畴,无论是耕种粮食作物还是经济作物,均可申领补贴。

(3)农户已流转给企业、农民专业合作社、家庭农场、种植大户等经管主体的耕地,补贴资金仍直接发放给承包耕地的农户(流转合同中有明确约定的除外)。

(4)得到补贴农民应该认真核对自己的补贴面积和补贴款数目,如果发现问题,可以向有关部门进行举报。各级财政、农业农村等部门均设立耕地地力保护补贴监督举报电话,接受社会及群众的咨询和监督。也可通过网络、信函的方式向上述部门进行投诉、反映。

5. 补贴申领流程

耕地地力保护补贴实行农户申报制度,申领流程如图2-3所示。

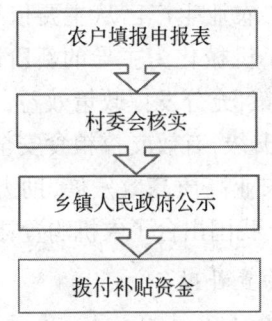

图2-3 耕地地力保护补贴申领流程

乡村振兴之"三农"政策

第一步,农户填报申报表。农户依据本户情况,据实填报"耕地地力保护补贴面积分户申报表",并对所填基础信息的真实性、准确性、完整性负责。农户签字后,上报给村委会。

第二步,村委会核实。村委会进行核实并签字盖章,上报给乡镇人民政府。

第三步,乡镇人民政府公示。乡镇人民政府公示补贴面积,具体由乡镇财政部门根据核实的"耕地地力保护补贴面积分户申报表",将相关信息录入"农民补贴网络信息系统",打印出农户补贴面积公示表,加盖乡镇人民政府公章后,由乡镇人民政府组织人员在村内张榜公示,时间不少于 7 天。

第四步,拨付补贴资金。公示无异议后,采用"一卡通"或"一折通"形式直接拨付给农户。补贴资金一般会在每年 6 月开始发放,7 月底之前完成发放。

(五)农机购置补贴政策

在提高农村生产力、转变农业发展方式过程中,农业机械化和农机装备起到了关键作用,可以说是实施乡村振兴战略的重要支撑。从某种角度来说,没有农业机械化,就没有农业农村现代化。近年来,我国农机制造水平稳步提升,农机装备总量持续增长,农机作业水平快速提高,农业生产已从主要依靠人力畜力转向主要依靠机械动力,进入了机械化为主导的新阶段。为指导各地规范实施农机购置补贴政策,充分发挥政策效益,推动农业机械化向全程全面高质高效转型升级,有效支撑粮食安全、重要农产品有效供给和农民增收,促进农业高质高效发展,助力全面推进乡村振兴、加快农业农村现代化,我国出台了农机购置补贴政策。

1. 什么是农机购置补贴

农机购置补贴是指中央财政和地方财政为农民和农业生产经营组织购买国家支持推广的先进适用的农业机械给予的补贴。

二、农业生产支持保护政策

2018年12月印发的《国务院关于加快推进农业机械化和农机装备产业转型升级的指导意见》,明确指出要稳定实施农机购置补贴政策,最大限度发挥政策效益。

2021年4月,农业农村部办公厅财政部办公厅联系印发了《2021—2023年农机购置补贴实施指导意见》。

2. 补贴范围和补贴机具

中央财政资金全国农机购置补贴机具种类范围(以下简称"全国补贴范围")为15大类44个小类172个品目。各省根据农业生产需要和资金供需实际,从全国补贴范围中选取本省补贴机具品目,优先保障粮食、生猪等重要农畜产品生产、丘陵山区特色农业生产以及支持农业绿色发展和数字化发展所需机具的补贴需要,将更多符合条件的高端、复式、智能产品纳入补贴范围,提高补贴标准、加大补贴力度。按年度将区域内保有量明显过多、技术相对落后的机具品目或档次剔除出补贴范围。全国补贴范围可针对各省提出的增补建议进行调整,具体工作按年度进行。

补贴机具必须是补贴范围内的产品(农机专项鉴定产品、农机新产品除外),同时还应具备以下资质之一:①获得农业机械试验鉴定证书(包括尚在有效期内的农业机械推广鉴定证书);②获得农机强制性产品认证证书;③列入农机自愿性认证采信试点范围,获得农机自愿性产品认证证书。补贴机具须在明显位置固定标有生产企业、产品名称和型号、出厂编号、生产日期、执行标准等信息的铭牌。

大力支持农机创新产品列入补贴范围。全面贯彻落实新修订的《农业机械试验鉴定办法》,积极开展农机专项鉴定,加快农机创新产品获得农机试验鉴定证书步伐,并按规定列入补贴范围。继续组织实施中央财政农机新产品购置补贴试点,对尚不能通过农机专项鉴定取得补贴资质的创新产品和成套设施装备等给予支持,重点补贴建设标准成熟的烘干机配套设施、水稻育秧成套设施

装备、温室大棚骨架和标准化猪舍钢结构、智能养殖(含渔业)设备、果菜茶初加工成套设备、蜜蜂养殖及蜂产品初加工成套设施装备等,经农业农村部、财政部备案后实施。农机专项鉴定产品和农机新产品购置补贴试点产品列入补贴可以突破全国补贴范围。全面开展植保无人驾驶航空器购置补贴工作,具体操作办法另行通知,在此之前,总体上继续按有关规定实施引导植保无人飞机规范应用试点。

进一步扩大中央财政农机购置补贴机具资质采信农机产品认证结果范围,新增品目由农业农村部、国家认证认可监督管理委员会另行通知,采信认证结果工作继续按有关规定执行。规范实施补贴机具资质直接采信第三方检测报告试点,强化第三方检验检测结果和采信过程管理,相关农机产品应当开展基层评价,并通过省级农机鉴定、推广、科研单位组织开展的田(场)间实地试验验证。有意愿开展的省份经制定实施方案并报农业农村部、财政部备案后实施。

地方特色农业发展所需和小区域适用性强的机具,可列入地方各级财政安排资金的补贴范围,具体补贴机具品目和补贴标准由地方自定,不得占用中央财政补贴资金。

3. 补贴对象和补贴标准

补贴对象为从事农业生产的个人和农业生产经营组织,其中农业生产经营组织包括农村集体经济组织、农民专业合作经济组织、农业企业和其他从事农业生产经营的组织。

中央财政农机购置补贴实行定额补贴。农业农村部、财政部组织制定发布全国补贴范围内各机具品目的主要分档参数,各省可在此基础上优化参数及增加分档,依据同档产品上年市场销售均价测算确定各档次的补贴额上限,测算比例不超过30%,且通用类机具补贴额不超过农业农村部、财政部发布的最高补贴额。实行降低补贴标准的机具品目单独分档测算补贴额。在确保资金供

二、农业生产支持保护政策

需紧平衡的基础上,各省可围绕粮食生产薄弱环节、丘陵山区特色农业生产急需机具以及高端、复式、智能农机产品的推广应用,选择不超过10个品目的产品提高补贴额,其补贴额测算比例可提高至35%,其中,通用类机具的补贴额可高于相应档次中央财政资金最高补贴额,增长幅度控制在20%以内。提高补贴额测算比例的机具品目或档次报农业农村部备案后实施。

实行降标的机具品目或档次确定后,各省要及时向农业农村部报告,有关情况将纳入农机购置补贴政策落实延伸绩效管理重要考核指标。

上年市场销售均价原则上通过本省办理服务系统补贴数据测算,其中,新增品目或上年补贴销售数据较少的品目,其相关档次市场销售均价可通过市场调查获取,也可直接采信其他省份市场销售均价的最低值。

除上述提高补贴额测算比例的补贴机具和玉米去雄机以外,一般补贴机具单机补贴限额原则上不超过5万元;挤奶机械、烘干机单机补贴限额不超过12万元;100马力以上拖拉机、高性能青饲料收获机、大型免耕播种机、大型联合收割机、水稻大型浸种催芽程控设备、畜禽粪污资源化利用机具单机补贴限额不超过15万元;200马力以上拖拉机单机补贴限额不超过25万元;大型甘蔗收获机单机补贴限额不超过40万元;大型棉花收获机单机、成套设施装备单套补贴限额不超过60万元。

各省应保持补贴额总体稳定,全面公开农机购置补贴机具补贴额一览表,加强宣传,引导购机者根据各档次的补贴定额自主议价,不再对外公布具体产品的补贴额。在政策实施过程中发现具体产品或档次的中央财政资金实际补贴比例超过50%的,应及时组织调查,对有违规情节的,按相关规定处理;对无违规情节的补贴申请,可按原规定兑付补贴资金,并组织对相关产品及其所属档次补贴额进行评估,视情况及时调整。补贴资金出现较多缺口的

省份,应及时下调部分机具的补贴额,确保政策效益普惠共享。

西藏和新疆南疆五地州(含南疆垦区)补贴标准继续按照《农业部办公厅、财政部办公厅关于在西藏和新疆南疆地区开展差别化农机购置补贴试点的通知》(农办财〔2017〕19号)执行。

4. 资金分配与使用

农机购置补贴支出主要用于支持购置先进适用农业机械,以及开展有关试点和农机报废更新等方面。各省农业农村部门会同财政部门采用因素法(包括基础性因素和政策性因素、绩效因素、巩固拓展脱贫攻坚成果因素等)测算分配资金,不突破县级需求上限分配资金,调减资金结转量大、政策实施风险高、资金使用效益低地区的预算规模。财政部门会同农业农村部门加强资金使用情况监测,定期调度和发布各县(市)资金使用进度,督促相关县(市)优先使用结转资金,督促预算执行较慢地区加快使用,并按需组织开展县(市)际余缺调剂,重点将实施进度低于序时进度县(市)的补贴资金调增给已出现供需缺口的县(市),确保不发生资金大量结转,促进资金使用实现两年动态紧平衡。

对省属管理体制的地方垦区和海拉尔、大兴安岭垦区的补贴资金规模,由省级财政部门与农业农村部门、农垦主管部门协商确定,统一纳入各省补贴资金分配方案。其他市、县属地方垦区国有农场的农机购置补贴,按所在市、县农机购置补贴政策规定实施。

开展农机购置综合补贴试点,选择部分有条件、有意愿的省份探索创新补贴资金使用与管理方式,实施作业补贴、贷款贴息、融资租赁承租补助等补贴方式。申请试点省份经制定实施方案并报农业农村部、财政部备案后组织实施。

农机报废更新补贴按《农业农村部办公厅、财政部办公厅、商务部办公厅关于印发〈农业机械报废更新补贴实施指导意见〉的通知》(农办机〔2020〕2号)执行。

农机购置补贴属约束性任务,资金必须足额保障,不得用于其

二、农业生产支持保护政策

他任务支出。地方各级财政部门要保障补贴工作实施必要的组织管理经费。省级财政应当依法安排农机购置补贴资金。

5. 操作流程

农机购置补贴政策按照"自主购机、定额补贴、先购后补、县级结算、直补到卡(户)"方式实施。购机者自主选择购买机具,按市场化原则自行与农机产销企业协商确定购机价格与支付方式,并对交易行为真实性、有效性和可能发生的纠纷承担法律责任。购机行为完成后,购机者自主向当地农业农村部门提出补贴资金申领事项,签署告知承诺书,承诺购买行为、发票购机价格等信息真实有效,按相关规定申办补贴。

各地农机购置补贴政策实施工作按以下流程操作。

(1)发布实施规定。省级及以下农业农村、财政部门按职责分工和有关规定发布本地区农机购置补贴实施方案、操作程序、补贴额一览表、补贴机具信息表、咨询投诉举报电话等信息。其中,要按年度明确剔除出补贴范围和实行降标的机具品目或档次。

(2)组织机具投档。省级农业农村部门按照《农机购置补贴机具投档工作规范(试行)》等要求,全面运用农机购置补贴机具自主投档平台,常年受理企业投档,组织开展形式审核,公示公布投档结果,并导入办理服务系统。

(3)受理补贴申请。县级农业农村部门全面实行办理服务系统常年连续开放,推广使用带有人脸识别功能的手机 App 等信息化技术,方便购机者随时在线提交补贴申请、应录尽录,加快实现购机者线下申领补贴"最多跑一次""最多跑一地"。县级农机购置补贴资金申请数量达到当年可用资金(含结转资金和调剂资金)总量 110%的,相关县应及时发布公告,停止受理补贴申请。鼓励有条件的省份探索利用农业农村部新型农业经营主体信息直报系统办理补贴申请。

(4)审验公示信息。县级农业农村部门按照《农机购置补贴机具核验工作要点(试行)》等要求,对补贴相关申请资料进行形式审核,对补贴机具进行核验,其中牌证管理机具凭牌证免于现场实物核验。农业农村部门在收到购机者补贴申请后,应于2个工作日内做出是否受理的决定,对因资料不齐全等原因无法受理的,应注明原因,并按原渠道退回申请;对符合条件可以受理的,应于13个工作日内(不含公示时间)完成相关核验工作,并在农机购置补贴信息公开专栏实时公布补贴申请信息,公示时间为5个工作日。鼓励在乡村或补贴申请点公示栏中同时公开公示信息。

(5)兑付补贴资金。县级财政部门审核农业农村部门提交的资金兑付申请与有关材料,于15个工作日内通过国库集中支付方式向符合要求的购机者兑付资金。严禁挤占挪用农机购置补贴资金。因资金不足或加强监管等原因需要延期兑付的,应告知购机者,并及时与同级农业农村部门联合向上报告资金供需情况。补贴申领原则上当年有效,因当年财政补贴资金规模不够、办理手续时间紧张等无法享受补贴的,可在下一个年度优先兑付。

补贴政策全面实行跨年度连续实施,除发生违规行为或补贴资金超录外,不得以任何理由限制购机者提交补贴申请,且补贴机具资质、补贴标准和办理程序等均按购机者提交补贴申请并录入办理服务系统时的相关规定执行,不受政策调整影响,切实稳定购机者补贴申领预期。购机者对其购置的补贴机具拥有所有权,自主使用,可依法处置。

(六)农机报废更新补贴政策

为加快老旧农业机械报废更新进度,进一步优化农机装备结构,促进农机安全生产和节能减排,2020年农业农村部、财政部、商务部联合出台了《农业机械报废更新补贴实施指导意见》,通过政策支持进一步加大耗能高、污染重、安全性能低的老旧农机淘汰力度,加快先进适用、节能环保、安全可靠农业机械的推广应用,优化

二、农业生产支持保护政策

农机装备结构,推进农业机械化转型升级和农业绿色发展。

1. 什么是农机报废更新补贴

中央财政从农机购置补贴中安排资金,实施农机报废更新补贴政策,对农民报废老旧农机给予适当补助。

农机报废更新补贴政策在全国所有农牧业县(场)范围内实施,各省可结合实际,选择部分市县(场)开展试点再逐步扩大实施范围。

对从事农业生产的个人和农业生产经营组织都适用,农业生产经营组织包括农村集体经济组织、家庭农场、农民专业合作社、农业企业和其他从事农业生产经营的组织。

中央财政资金补贴报废农机种类为《农业机械安全监督管理条例》规定的危及人身财产安全的农业机械,包括拖拉机、联合收割机、水稻插秧机、机动喷雾(粉)机、机动脱粒机、饲料(草)粉碎机、铡草机等,具体补贴种类由各省结合实际从中选择确定。

2. 报废条件

补贴的报废农机应当主要部件齐全,来源清楚合法,机主应就机具来源、归属等作出书面承诺。纳入牌证管理的农机需要提供农机安全监理机构核发的牌证;无牌证或未纳入牌证管理的,应当具有铭牌或出厂编号、车架号等机具身份信息。报废农机的使用年限等技术条件由各省参照相关机械报废标准确定。对未达报废年限但安全隐患大、故障发生率高、损毁严重、维修成本高的农机,允许申请报废补贴。

之前买的拖拉机没有上牌,现在想要换新机,根据现行国家政策规定,对无牌无证的拖拉机、联合收割机,能够确定其来历合法、产权明确、无财产归属等纠纷的,可作为报废补贴机具。所以,只要符合以上条件,就可以申请补贴。而且农机报废更新补贴和农机购置补贴是可以兼得的,报废旧机器、购买新机后,还可以享受农机购置补贴。

3. 补贴标准

中央财政农机报废更新补贴由报废部分补贴与更新部分补贴两部分构成。

(1) 报废部分补贴。实行定额补贴,补贴额由省级农业农村部门商财政部门确定。拖拉机和联合收割机报废补贴额不超过农业农村部发布的最高补贴额(表2-4),各省可在此基础上归并或细化类别档次,确定具体补贴额。其他农机报废补贴额原则上按不超过同类型农机购置补贴额的30%测算,并综合考虑运输拆解成本等因素确定,单台农机报废补贴额原则上不超过2万元。

(2) 更新部分补贴。这部分补贴标准按农机购置补贴政策相关规定执行,具体补贴标准和金额由各省确定。

表2-4 拖拉机和联合收割机中央财政资金最高报废补贴额

序号	机型	类别	最高报废补贴额(元)
1	拖拉机	20马力以下	1 000
		20~50马力(含)	3 500
		50~80马力(含)	7 000
		80~100马力(含)	10 000
		100马力以上	12 000
2	自走式全喂入稻麦联合收割机	喂入量0.5~1千克/秒(含)	3 000
		喂入量1~3千克/秒(含)	5 500
		喂入量3~4千克/秒(含)	7 300
		喂入量4千克/秒以上	11 000
3	自走式半喂入稻麦联合收割机	3行,35马力(含)以上	7 200
		4行(含)以上,35马力(含)以上	17 500

二、农业生产支持保护政策

(续表)

序号	机型	类别	最高报废补贴额（元）
4	自走式玉米联合收割机	2 行	7 200
		3 行	12 500
		4 行及以上	20 000
5	悬挂式玉米联合收割机	1~2 行	3 000
		3~4 行	5 500

4. 补贴申领流程

农机报废更新补贴申领流程一般如图 2-4 所示。

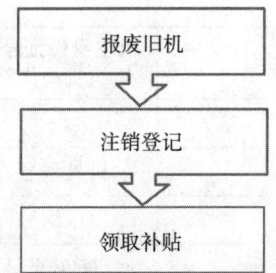

图 2-4　农机报废更新补贴申领流程

第一步,报废旧机。农户(机主)自愿将拟报废的农机交售给回收企业。回收企业应当核对农户和拟报废的农机信息,向机主出具"报废农业机械回收确认表"(以下简称确认表),见表 2-5,向当地农业农村部门提供农户和报废农机信息。回收企业及时对回收的农机进行拆解并建立档案,对国家禁止生产销售的发动机等部件进行破坏性处理。拆解档案应包括铭牌或其他能体现农机身份的原始资料,保存期不少于 3 年。县级农业农村部门应对回收企业拆解或者销毁农机进行监督。

第二步,注销登记。纳入牌证管理的拖拉机和联合收割机机

乡村振兴之"三农"政策

主持确认表和相关证照,到当地负责农机牌证管理的机构依法办理牌证注销手续。相关机构核对机主和报废农机信息后,在确认表上签注"已办理注销登记"字样。

第三步,领取补贴。机主凭有效的确认表,按当地相关规定申请补贴。当地农业农村部门、财政部门按职责分工进行审核,财政部门向符合要求的机主兑现补贴资金。各地可结合实际,设置个人和农业生产经营组织年度内享受报废补贴的农机数量上限。县级农业农村部门应按照报废补贴机具总量不超过购置补贴机具总量的原则,合理确定年度报废补贴农机数量。

表2-5 报废农业机械回收确认表

回收确认表编号:

机主姓名/ 单位名称		机主身份证号/ 组织机构代码	
机主地址			
机主联系电话		机具型号	
机具类别		出厂编号	
发动机号		底盘(车架)号	
牌照号码		出厂日期	
初次注册		回收日期	
农机回收企业(章) 经办人: 年 月 日		已办理注销登记。 农机安全监理单位(章) 经办人: 年 月 日 (此栏仅适用于已上牌证的拖拉机和联合收割机)	

注:(1)此表为样表,各省可结合实际,对表格的格式内容进行调整完善。

(2)此表一式三联:一联农机回收企业存查;二联机主存查;三联签注农机安全监理机构印章后,到当地农业农村部门办理申请补贴手续。

二、农业生产支持保护政策

(七)农机深松整地作业补助政策

农机深松整地是指以打破犁底层为目的,通过拖拉机牵引松土机械,在不打乱原有土层结构的情况下松动土壤的一种机械化整地技术。实施农机深松整地作业,可以打破坚硬的犁底层,加深耕层,还可以降低土壤容重,提高土壤通透性,从而增强土壤蓄水保湿和抗旱防涝能力,有利于作物生长发育和提高产量。为进一步改善耕地质量,提高农业综合生产能力,促进农业可持续发展,我国出台了农机深松整地作业补助政策。

1. 实施区域

根据《全国农机深松整地作业实施规划(2016—2020年)》的规定,我国适宜农机深松整地作业的耕地面积约为5.74亿亩(1亩=666.7平方米,下同),主要分布在东北一熟区、黄淮海两熟区、长城沿线风沙区、西北黄土高原区、西北绿洲农业区、南方旱田种植区、南方甘蔗区等7个类型区,作业深度一般要求达到或超过25厘米,打破犁底层。这7个区域的农业生产经营者可以关注此项政策。这项政策并不是全国所有地区都实施,一定要弄清楚实施范围。

(1)东北一熟区。主要包括东北三省及内蒙古东部。

(2)黄淮海两熟区。主要包括北京、天津、河北中南部、河南、山东等五省份,以及江苏北部、安徽北部、陕西关中平原等。

(3)长城沿线风沙区。主要包括河北北部(含坝上)、内蒙古中南部、山西北部、陕西北部。

(4)西北黄土高原区。主要包括山西大部、陕西中北部和南部、宁夏南部、甘肃中东部、青海。

(5)西北绿洲农业区。主要包括新疆及甘肃河西走廊、内蒙古西部、宁夏中部和北部。

(6)南方旱田种植区。主要包括湖北、湖南、重庆、云南等南方省份全年不种植水稻的旱田。

(7)南方甘蔗区。主要包括广东、广西、福建、海南等甘蔗种植区。

2. 补助方式

农机深松整地作业补助采取"先作业后补助、先公示后兑现"的方式。由县(市、区)、乡(镇)政府组织农机服务组织(或农机户)开展深松整地作业,经检查验收合格后,由财政部门将补助资金通过"一卡通""一折通"或通过银行转账方式兑付给补助对象。

3. 补贴对象与标准

在此项政策实施范围内承担农机深松整地作业补助项目的农机合作社、农机户、家庭农场、种粮大户等农业生产经营组织或个人均可申请农机深松整地作业补助。此项政策向种粮大户、农机合作社、家庭农场等新型农业经营主体倾斜,优先安排整乡整村推进、大面积实施深松整地的地区。

农机深松整地作业补助的资金是从中央财政下达各省的农机购置补贴资金中统筹安排。补助标准由各省综合考虑本地农机深松整地的技术模式、成本费用、农民意愿、规划任务等因素自主确定,一般每亩补助金额在20~50元。各省标准不一样,具体补助标准需要向当地农业农村部门咨询。

4. 补助申领流程

具体申领流程如图2-5所示。

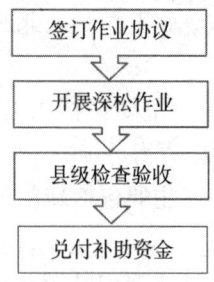

图2-5 农机深松整地作业补助申领流程

二、农业生产支持保护政策

第一步,签订作业协议。县级补助项目领导组办公室根据各乡(镇)实际情况,结合全县农业生产需要,确定深松整地作业区域和作业任务。在坚持公开、公平、公正、择优的原则下,由县农机中心选定农机服务组织、农机户等。

农业生产经营组织或个人签订作业协议。

第二步,开展深松作业。被选定农机服务组织、农机户等农业生产经营组织或个人要按照作业合同和农机深松整地作业技术规范开展深松作业,如实填写"农机深松整地作业记录表",作业期间县农机中心要确定专人查看远程监测系统,如发现农机手在深松作业时有不规范行为影响了远程监测结果,由农机中心管理人员重新核实深松整地作业面积和质量,确认面积准确、质量合格后,再填写"农机深松整地作业记录表",由农户、作业机手和核实人员三方签字,并对实施作业的真实性、准确性负责。

第三步,县级检查验收。项目作业完成后县农机中心导出深松作业监测明细,或形成"农机深松整地作业监测记录表"。由县项目联合验收组对上报的作业面积与深松作业监测明细进行核对、形成验收报告,通过部门公示栏、政府或部门网站等方式公示1周。公示无异议后,形成"农机深松整地作业补助资金明细表"和"农机深松整地作业补助情况汇总表"。

第四步,兑付补助资金。县农机中心将"农机深松整地作业补助资金明细表"递交县财政局,由县财政局将补助资金及时兑付给开展深松整地的农机服务组织、农机户等农业生产经营组织或个人。

如今农机方面的惠农政策越来越多,除了前面提到的几项政策,农机安全监理免费政策也已经由小微企业扩大到所有企业和个人,农民朋友可以免费办理相关业务。

以下5种费用可以享受免费政策:拖拉机号牌费(含号牌架、固定封装费)、拖拉机行驶证费、拖拉机登记证费、拖拉机驾驶证

费、拖拉机安全技术检验费。

(八)新疆棉花目标价格补贴政策

2014—2016年,国家在新疆启动了为期3年的棉花目标价格改革试点,探索出一条农产品价格由市场供求形成、价格与政府补贴脱钩的新路子,带动了棉花生产、加工、流通、纺织全产业链发展,提升了国产棉花质量和市场竞争力。2017年起,国家在新疆深化棉花目标价格改革,棉花目标价格水平每3年一定。

1. 什么是棉花目标价格补贴政策

棉花目标价格补贴政策是指在棉花价格由市场形成的基础上,国家有关部门制定能够保障植棉者获得基本收益的目标价格,当采价期内平均市场价格低于目标价格时,国家对棉花生产者给予补贴,当市场价格高于目标价格时,不发放补贴。

2. 补贴对象

棉花目标价格补贴包括交售量部分补贴和面积部分补贴。其中,交售量部分补贴对象为新疆维吾尔自治区全区棉花实际种植者,主要包括基本农户、地方国有农场、司法农场、部队农场、非农公司、种植大户等各种所有制形式的棉花生产者(以下简称农业生产经营单位)。面积部分补贴对象仅为南疆四地州基本农户。

3. 目标价格

棉花目标价格水平按照近3年生产成本加合理收益确定,每3年一定,2020—2022年目标价格水平为每吨18 600元。如遇棉花市场发生重大变化,国家视情况及时调整目标价格水平。需要注意的是,只有当市场价格低于目标价格时,国家才启动目标价格补贴。当市场价格高于目标价格时,不发放补贴,从而保障棉花种植者获得基本收益。

4. 补贴申领流程

新疆棉花目标价格补贴的申领流程如图2-6所示。

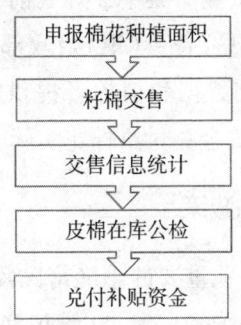

图2-6 棉花目标价格补贴申领流程

第一步,申报棉花种植面积。棉花种植面积采取种植者申报审核制。每年6月初,基本农户向村委会申报棉花种植面积,村、乡(镇)、县(市)等逐级审查,核实认定。农业生产经营单位向所在县(市)的农业农村、财政、统计、自然资源部门申报棉花种植面积,同时出具土地利用现状图、实际种植该地块的证明等材料。县(市)人民政府组织有关部门审查,自治区、地(州)联合抽查、核实。棉花种植面积核实认定后,有关部门在新疆棉花管理信息平台中录入申报者种植信息。

第二步,籽棉交售。基本农户和农业生产经营单位将籽棉交到经认定的棉花加工企业,领取普通发票或收购发票。棉花加工企业将植棉者交售籽棉的毛重、单价、衣分率、回潮率、含杂率和结算重量等信息如实录入信息平台,备注相关信息的发票信息联,签章后交付植棉者。

第三步,交售信息统计。翌年1月31日为交售信息统计的截止时间,植棉者应在此之前将籽棉交售到棉花加工企业,此后交售的棉花不纳入补贴统计范围。

第四步,皮棉在库公检。皮棉实行在库公检制度。棉花加工企业将加工的皮棉全部存入新疆棉花专业监管仓库,由专业机构在库进行重量检验、品质检验等。

第五步,兑付补贴资金。翌年2月底前,自治区拟定棉花目标价格补贴资金方案。之后,各乡(镇)财政部门和县(市)财政部门结合比对信息平台基础数据和植棉者提供的税务票据,以"一卡通"或其他形式将补贴资金兑付给棉花实际种植者。

(九)渔业油价补贴政策

渔业油价补贴是一项重要的惠渔富民政策,自2006年开始实施,在促进渔业发展、保护渔民利益、维护渔区稳定方面发挥了积极作用。为促进渔业持续健康发展,从2015年起,我国在原实行的渔业捕捞和养殖业油价补贴政策基础上做出调整,将补贴政策调整为专项转移支付和一般性转移支付相结合的综合性支持政策,中央财政补贴资金与用油量彻底脱钩,并健全渔业支撑保障体系,进一步减少国内捕捞渔船数和功率数,优化捕捞作业结构,有效控制捕捞强度,推动渔业现代化迈出新步伐。

1. 补贴对象

渔业油价补贴的对象为渔业生产者,包括海洋捕捞、内陆捕捞及水产养殖并使用机动渔船的渔民和渔业企业。补助对象应符合以下条件:

(1)所从事的渔业生产符合《中华人民共和国渔业法》等法律法规规定。

(2)国内海洋捕捞机动渔船需持有合法有效的渔业船舶检验证书、渔业船舶登记证书、渔业捕捞许可证,在全国海洋捕捞渔船船数和功率总量控制范围,并纳入全国数据库管理。

(3)养殖渔民或渔业企业需持有合法有效的渔业船舶检验证

二、农业生产支持保护政策

书、渔业船舶登记证书、水域滩涂养殖使用证,使用养殖机动渔船从事正常养殖生产活动。需要注意的是辅助渔船不得作为补助对象。自2018年起,对达到限制使用船龄的老旧捕捞渔船,一律不予补贴。自2020年起,双船有翼单囊拖网(双船底拖网)、单锚张纲张网(帆张网)、单船有囊围网(三角虎网)渔船,不再予以补贴(表2-6至表2-8)。

表2-6 海洋捕捞渔业船舶船龄标准

船舶类别		老旧渔业船舶一般船龄	老旧渔业船舶限制使用船龄
钢质捕捞船	船长<12米	16年以上	21年以上
	12米≤船长<24米	20年以上	25年以上
	船长≥24米	24年以上	29年以上
	专门制造从事远洋作业和从事深水灯光围网作业的	30年以上	35年以上
	《农业部关于加强老旧渔业船舶管理的通知》下发前已经改造且从事远洋作业的	26年以上	31年以上
木质捕捞船	船长<12米	13年以上	18年以上
	12米≤船长<24米	18年以上	23年以上
	船长≥24米	20年以上	25年以上
	使用梢木、坤甸木、稠木等特种木材制造的	25年以上	30年以上
钢丝网水泥捕捞船		24年以上	29年以上
玻璃钢捕捞船		30年以上	35年以上

表 2-7　内河捕捞船船龄标准

船舶类别	老旧渔业船舶一般船龄	老旧渔业船舶限制使用船龄
钢质捕捞船	21 年以上	26 年以上
木质捕捞船	25 年以上	30 年以上
钢丝网水泥捕捞船	24 年以上	29 年以上
玻璃钢捕捞船	30 年以上	35 年以上

表 2-8　渔业生产辅助船船龄标准

船舶类别	老旧渔业船舶一般船龄	老旧渔业船舶限制使用船龄
养殖船	20 年以上	25 年以上
水产品冷藏加工船	29 年以上	34 年以上
拖轮、驳船	29 年以上	34 年以上
水产运销船	26 年以上	31 年以上
油船	26 年以上	31 年以上
渔业指导船、渔业科研调查船、教学实习船、供应船、交通船	30 年以上	35 年以上
渔业公务船	30 年以上	35 年以上

2. 补贴标准

（1）捕捞机动渔船。从 2015 年起，对国内捕捞机动渔船实行按作业类型和大小分档核算油价补贴。按渔船船长和功率（均以渔业捕捞许可证中载明的船长和主机总功率为准）进行分档，确定其补贴核算标准上限。对渔船主机功率未达到对应船长分段核算功率下限，以及对应船长档位未设定补贴上限标准的，自动按功率对应的低档次船长分档标准予以核算补贴。

（2）养殖机动渔船。国家建立水产养殖油价补助与用油量及油价脱钩的机制。维持养殖机动渔船油价补贴核算方式基本不变，降低油价补贴核算标准，设置功率补贴上限，同时调低油价补贴资金测算标准。

国家设置养殖机动渔船补贴功率上限。海洋养殖机动渔船可补贴功率上限为100千瓦，内陆养殖机动渔船可补贴功率上限为50千瓦，核算后仍高于以上标准的分别按照100千瓦或50千瓦核定。

3. 补贴资金发放

各市、县在收到渔业油价补贴资金后，由渔业主管部门会同同级财政部门结合本地渔船管理及作业类型等实际情况制定具体发放方案，并将补贴政策及时向社会公布，按程序对补贴资金发放对象相关信息进行公示。原则上每年6月底补贴资金发放到位。

渔船发生买卖的，年末办结渔业船网工具指标批准书的，补助资金由买入方申领，未办结的由原船舶所有人申领。渔船发生拆解、报废、新建、更新改造或减船转产等情况的，其补助资金以渔业船舶证书的年度有效时限按月计算。渔船灭失以及打捞修缮后继续从事渔业生产的，其补助资金由县级渔业主管部门按月据实核定。

4. 补贴申领流程

渔业油价补贴申领流程如图2-7所示。

第一步，渔民填报补贴申请表。每年年末，各区县农业农村部门组织本地区符合补贴条件的渔民填报补贴申请表（表2-9），内容包括国内捕捞机动渔船和养殖机动渔船、船舶所有人和养殖证基础信息等。填报补贴申请表时应同时提供有关渔船证书（证件）原件，身份证明原件供审核。相关申请信息录入渔业油价补贴申报系统。

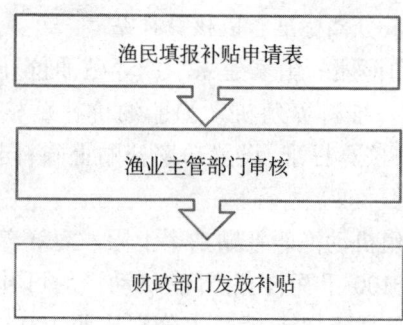

图 2-7　渔业油价补贴申领流程

表 2-9　渔业油价补贴申请表

编号：

船名		渔船编号		船籍港	
渔船检验证书编号		渔船国籍（登记）证书编号		渔船捕捞许可证编号	
主机总功率		船长		总吨位	
主作业类型		船舶种类		建造完工日期	年　　月
渔船所有人姓名		居民身份证号码/公司注册号		联系电话	
渔船所有人地址					
渔船所有人银行账号	开户行				
	开户名				
	账号				
是否正常从事捕捞生产活动			年实际耗油量		吨

二、农业生产支持保护政策

第二步,渔业主管部门审核。渔业主管部门主要对申请人的资质进行审核。渔业油价补贴申请人应为补贴年度终了时捕捞许可证记载的持证人或渔业船舶证书记载的船舶所有人(不含共有人),渔船为两人及以上共有的,该船补贴资金由渔船共有人自行分配。渔船发生买卖的,海洋渔船年末办结渔业船网工具指标批准书的(内陆渔船年末办结内陆渔业船舶证书的),由买入方申领,未办结的由原船舶所有人申领。补贴资金分配比例由买卖双方自行协商。

第三步,财政部门发放补贴。一系列审核、汇总及核对流程结束后,对渔民的补贴申请资格进行公示,公示时间不得少于5个工作日。公示结束后,财政部门向渔民发放补贴。

三、农产品生产和流通政策

在市场经济体制中,政府应当遵循市场运行自身的法则不对农产品的生产流通过多的干预,但可以通过一些政策来引导农业生产和流通,最终实现农业发展目标。

(一)农业生产社会化服务政策

近年来,中央财政持续支持农业生产社会化服务发展,以推进农业生产托管为重点,加快培育多元化服务组织,促进农业增效、农民增收,推动服务规模经营、农业绿色发展。农业生产社会化服务是引领小农户开展适度规模经营、发展现代农业的重要途径。

1. 农业生产社会化服务对象及形式

主要支持面向小农户、大宗农产品生产、农业生产大县的社会化服务。

在支持领域上,重点支持粮油棉糖等关系国计民生的大宗农产品生产托管,探索向经济作物托管、畜牧托养等领域拓展。

在支持环节上,按照补齐现代农业建设短板要求和受农民群众欢迎程度,重点支持深耕深松、工厂化育秧、烘干仓储等关键环节,以及统防统治、秸秆还田、农膜回收等绿色作业环节。

在支持形式上,根据各地的土地资源条件、劳动力转移程度、农业机械化发展水平等具体情况,重点支持规模效益突出、带动小农户较多的服务形式,不断扩大农业生产托管服务覆盖率,加快把小农户引入现代农业发展轨道。

2. 农业生产社会化服务方式

目前主要的农业生产社会化服务方式是农业生产托管。

三、农产品生产和流通政策

农业生产托管是农户等经营主体在不流转土地经营权的条件下,将农业生产中的耕、种、防、收等全部或部分作业环节委托给社会化服务组织完成的农业经营方式。

小农户等经营主体通过生产托管,接受统一深松整地、集中育秧、统一播种、统防统治、统一收割、统一烘干仓储等全部或部分作业环节的服务,是服务规模经营的重要形式。

3. 资金补助标准与补助方式

国家规定了农业生产社会化服务补助标准的上限,各地可根据实际情况因地制宜调整具体数额。服务小农户和服务规模经营主体的补助标准分开确定。

4. 农业生产托管主要模式

现阶段,农业生产托管主要有全产业链托管、菜单式多环节托管、土地股份合作分红、股份托管并行、专业化托管、供销社为农服务中心等6种模式。

(1)全产业链托管服务模式。托管服务组织与农户通过签订协议等形式,由服务组织实行供、耕、种、防、收、销全程化管理,生产环节所需种子、农药、化肥、农膜等生产资料由服务组织承担,土地产出收益归农户所有,服务组织按照约定向农户收取种子、化肥、农药等农资费用,以及服务环节用工、机械作业等服务费用,俗称"保姆式托管"。这种模式能够让农户做到"三省",即省心、省力、省钱,服务组织能够充分发挥自身优势,节省成本、提高效率。

(2)菜单式多环节托管服务模式。托管服务组织制定各式多环节套餐或单个项目的服务内容及标准等,由农户根据自有的农业生产工具和机械、劳动能力等情况,按照生产实际需要,自愿选择托管服务的环节或项目,由托管服务组织为其提供服务。这种模式农户可选择余地大,易推广、好复制,但是农户与服务组织利益联结稳定性相对较差。

(3)土地股份合作分红模式。农户在保持土地承包经营权不

变的前提下,由村级组织协调,通过"土地入股+保底分红"利益联结方式,将承包土地入股托管服务组织,托管服务组织为农户提供全产业链托管服务,待获得收益后按照股份比例给农户派发红利。和前两种托管模式相比,土地股份合作分红模式体现了托管服务组织和农户双方利益共享、风险共担,利益联结更紧密、分配方式更合理。

(4)股份托管并行模式。托管服务组织尊重农户意愿,对农户土地实行股份合作和托管服务两种方式,宜股则股、宜托则托,兼顾两种方式优势,更加适应市场发展和竞争规律,有利于服务组织做大做强。

(5)专业化托管服务模式。服务组织利用自身资金、技术、人员等有利资源,专业从事农业生产某个环节或阶段的服务,农户根据生产需要,委托服务组织开展单一性、专业化的服务,主要是植保防治、农资供应、秸秆收贮、烘干销售等类型的专业服务组织。

(6)供销社为农服务中心模式。供销社系统充分发挥组织优势,依托基层供销社、农业资料公司以及领办的农民专业合作社,建设为农服务中心,广泛吸纳村级组织、农民专业合作社、农业龙头企业、农户等,在产权、业务、经营和服务上与小农户建立紧密利益联结,实施农业生产托管服务,实现农民与基层供销社的双赢。

(二)优势特色产业集群发展政策

产业兴旺是乡村振兴的首要任务,是解决农村一切问题的前提。为贯彻落实乡村振兴战略,加快深化农业供给侧结构性改革,全面构建具有竞争力的现代农业产业体系,农业农村部、财政部组织开展优势特色产业集群建设,助力乡村产业高质量发展。

1. 优势特色产业集群涵盖领域

根据《农业农村部办公厅财政部办公厅关于开展优势特色产业集群建设的通知》,优势特色产业集群是涵盖生产、加工、流通、

三、农产品生产和流通政策

科技、服务等领域的产业集群,支持围绕基地建设、机种机收、仓储保鲜、产地初加工、精深加工、现代流通、品牌培育等开展全产业链建设。

2. 优势特色产业集群支持方式与建设数量

优势特色产业集群建设采取竞争性申报的方式,中央财政对批准建设的优势特色产业集群进行适当补助,采取先建后补、以奖代补、贷款贴息、政府购买服务等方式。补助资金并非平均分配,而是择优补助。

2020 年启动优势特色产业集群建设,分批支持建设优势特色产业集群,首批支持 50 个左右,支持期限暂定为 2020—2022 年。

3. 申报条件

优势特色产业集群主要支持省域内基础好、规模大、有特色、比较优势显著的重点产业。申报实施集群建设的优势特色主导产业需满足以下条件:

(1) 符合国家产业相关规划,并是当地人民政府高度重视和支持的优势特色产业。

(2) 产业基础较好,种养规模大,有较强的加工转化能力,在全国有一定影响力,全产业链总产值达到 50 亿元以上,并具有较大的发展潜力。

(3) 已初步形成集中连片发展格局。

(4) 产业经营主体活跃,有多家省级以上产业化龙头企业带动,较多新型农业经营主体深度参与。

(三) 振兴奶业支持苜蓿发展政策

为提高我国奶业生产和质量安全水平,从 2012 年起,国家实施振兴奶业苜蓿发展行动。中央财政每年安排 3 亿元,支持 50 万亩高产优质苜蓿示范片区建设,片区建设原则上以 3 000 亩为 1 个单元,一次性补贴 180 万元(每亩 600 元),重点用于推行苜蓿良种

化、应用标准化生产技术、改善生产条件和加强苜蓿质量管理等方面。

1. 扶持对象

振兴奶业支持苜蓿发展政策在苜蓿优势产区和奶牛主产区开展,扶持对象为奶牛养殖企业(场)、饲草生产加工企业、奶农专业生产合作社和农牧民饲草专业生产合作社。

2. 申报要求

申报主体需符合以下要求:

(1)申报主体具有适宜苜蓿标准化种植的土地,集中连片,面积3 000亩以上;需提供土地使用权证明文件或土地租赁合同(租赁年限在7年以上);优先考虑具备水源、配套电力等种植灌溉基本条件的单位。

(2)申报主体应具有独立法人资格,资产结构及经营状况良好。其中:

①农牧民饲草专业生产合作社和奶农专业生产合作社成立1年以上,且有规范的章程、完善的管理制度,有独立的银行账户和会计账簿,建立了成员账户,实行独立的会计核算,财务管理和收益分配制度健全。

②饲草生产加工企业具有A级(含)以上资信等级(未申请过银行贷款的企业除外);具有苜蓿生产加工经验,注册资本200万元(含)以上。优先考虑与大型奶牛养殖企业(场)、奶农专业生产合作社有苜蓿草产品供求关系的企业。

③奶牛养殖企业(场)为奶牛存栏300头以上的标准化规模养殖企业(场)。

需要注意的是各地在实际操作时,一般会要求申报主体出具承诺函,保证5年内苜蓿种植面积不减少、用途不改变。

此外,享受过振兴奶业支持苜蓿发展政策补贴或近3年享受过类似补贴的地块不得重复申报。

三、农产品生产和流通政策

3. 补贴方式

采用先建后补的补贴方式。立项后,预先安排50%的补助资金;验收合格,再安排剩余50%的补助资金。验收不合格,追回预先安排的50%补助资金,或限期整改后安排剩余50%。

4. 政策支持具体内容

振兴奶业支持苜蓿发展政策主要支持良种化、标准化生产、改善生产条件、提升质量水平等方面。

(1)标准化生产。推广应用苜蓿种子丸化包衣、根瘤菌接种、地膜精量穴播、病虫草害综合防治等高产集成技术。重点推广应用刈割收获、压扁、田间快速脱水、茎叶同步干燥、收割机械组装配套、田间快速打包、高密度草捆加工等关键设备和技术。完善苜蓿生产技术规程,组织开展标准化生产培训。

(2)苜蓿良种化。适应不同区域和不同种植条件,更新品种,推广使用高产、优质、抗逆性强的苜蓿优良品种。

(3)提升质量水平。配备检测设备,对苜蓿粗蛋白含量、酸性洗涤纤维、中性洗涤纤维等关键指标进行检测,保证苜蓿草产品质量。

(4)改善生产条件。改造中低产田,改良土地,修建排碱渠和灌溉设施,完善田间基础设施和灌溉条件;修建仓储设施,配置和扩容储草棚、堆储场、青贮窖、农机库等。

(四)生猪生产支持政策

猪肉是我国广大居民的主要肉食品,而养猪业可以说是关乎我国居民生活质量的重要产业。生猪生产对稳定物价,保障人民群众生活、保持经济平稳运行和社会稳定大局具有重要意义。为稳定生猪生产,促进转型升级,增强猪肉供应保障能力,近年来国家出台了一系列促进、支持生猪生产的政策。

1. 用地政策

生猪养殖用地作为设施农用地，按农用地管理，不需办理建设用地审批手续。在不占用永久基本农田的前提下，合理安排生猪养殖用地空间，允许生猪养殖用地使用一般耕地，作为养殖用途不需耕地占补平衡。

生猪养殖圈舍、场区内通道及绿化隔离带等生产设施用地，根据养殖规模确定用地规模；增加附属设施用地规模，取消15亩上限规定，保障生猪养殖生产的废弃物处理等设施用地需要。

鼓励利用荒山、荒沟、荒丘、荒滩和农村集体建设用地安排生猪养殖生产，鼓励利用原有养殖设施用地进行生猪养殖生产，各地可根据实际情况进一步制定鼓励支持政策。

2. 贷款贴息政策

对具有种畜禽生产经营许可证的种猪场（含地方猪保种场）及年出栏5 000头以上的规模猪场给予短期贷款贴息支持。贴息范围重点是用于相关企业购买饲料和购买母猪、仔猪等方面的生产流动资金，对从事多种经营业务的企业，按照贷款用途予以区分，对确实无法区分的，按照产值比例核定用于生猪养殖的流动资金贷款规模。对企业以"贷新还旧"形式所取得的贷款、到期未还贷款不予以贴息。中央财政对养殖企业银行贷款贴息比例原则上不超过两个百分点，地方财政可通过自有财力等其他渠道安排贴息资金，但贴息比例总和不高于同期银行基准利率。具体贴息比例各地不同，需要咨询当地农业农村或金融部门。

3. 抵押贷款政策

国家在辽宁省、河南省、广东省、重庆市开展土地经营权、养殖圈舍、大型养殖机械抵押贷款试点，拓宽抵质押品范围。支持具备生猪活体抵押登记、流转等条件的地区按照市场化和风险可控原则，积极稳妥开展生猪活体抵押贷款试点，充分发挥银行信贷、保

险保障、融资担保等多方合力,更好满足生猪产业融资需求。

4. 禁养区有关规定

除饮用水水源保护区,风景名胜区,自然保护区的核心区和缓冲区、城镇居民区、文化教育科学研究区等人口集中区域以及法律法规规定的其他禁止养殖区域之外,不得超范围划定禁养区。

对禁养区内关停需搬迁的规模养殖场(户),优先支持异地重建,对符合环保要求的畜禽养殖建设项目,加快环评审批。

5. 生猪生产农机补贴政策

将全国农机购置补贴机具种类范围内的所有适用于生猪生产的机具品目原则上全部纳入省级补贴范围。对生猪养殖场(户)购置自动饲喂、环境控制、疫病防控、废弃物处理等农机装备应补尽补。

6. 生猪规模化养殖场建设补助

对2020年年底前新建、改扩建种猪场、规模猪场(户),禁养区内规模养猪场(户)异地重建等给予一次性补助。主要支持生猪规模化养殖场和种猪场建设动物防疫、粪污处理、养殖环境控制、自动饲喂等基础设施建设。

各省份根据实际情况,具体补助标准可能有所不同。中央补助比例原则上不超过项目总投资的30%,最低不少于50万元,最高不超过500万元。例如,黑龙江省2020年对新增年出栏能力1 000头的养殖场中央补助投资50万元;在此基础上,每新增1头出栏能力,中央补助投资增加100元,单场补助最高不超过500万元。

四、农村创新创业政策

(一)农村创业贷款政策

农村返乡创业最让人关注的莫过于政策、项目、资金3个方面。

1. 农村创业贷款政策有哪些?

(1)农村承包土地经营权抵押贷款。农村承包土地的经营权抵押贷款,是指以承包土地的经营权作抵押、由银行业金融机构向符合条件的承包方农户或农业经营主体发放的、在约定期限内还本付息的贷款。

通过家庭承包方式取得土地承包经营权的农户以其获得的土地经营权作抵押申请贷款的,应同时符合以下条件:

①具有完全民事行为能力,无不良信用记录;

②用于抵押的承包土地没有权属争议;

③依法拥有县级以上人民政府或政府相关主管部门颁发的土地承包经营权证;

④承包方已明确告知发包方承包土地的抵押事宜。

通过合法流转方式获得承包土地的经营权的农业经营主体申请贷款的,应同时符合以下条件:

①具备农业生产经营管理能力,无不良信用记录;

②用于抵押的承包土地没有权属争议;

③已经与承包方或者经承包方书面委托的组织或个人签订了合法有效的经营权流转合同,或依流转合同取得了土地经营权权属确认证明,并已按合同约定方式支付了土地租金;

四、农村创新创业政策

④承包方同意承包土地的经营权可用于抵押及合法再流转;
⑤承包方已明确告知发包方承包土地的抵押事宜。

(2)农村青年创业小额贷款。农村青年创业小额贷款是指与各级团组织合作的农村信用社向农村青年(年龄在40周岁以下)发放的用于生产、经营等创业活动所需的小额贷款。

根据有关文件规定,农村青年创业小额信用贷款额度原则上控制在3万元以内,一般不超过5万元,根据借款人的实际情况,可在这基础上适当提高。

申请农村青年创业小额贷款需具备以下几个条件:
①创业者年龄要在40周岁以下,有行为能力,遵纪守法;
②有良好的信誉,没有不良的信用记录;
③有比较稳定的收入来源,能及时还清贷款;
④自己有一部分创业资金,创业项目有市场、有订单、有成效,长期来看能赚钱;
⑤向当地基层团组织提出申请,审查通过后才能被团组织推荐。

2. 农村创业贷款怎么申请?

(1)申请人及其家庭主要成员的基本情况材料,包括身份证、户口本还有其他有效的身份证明;

(2)从事个体经营的还需要营业执照、税务登记证、组织机构代码证、特殊行业经营许可证、收入证明、承包合同或合作协议等证明材料;

(3)需要担保的,还要提供担保资料;还有银行要提供的其他资料。

贷款申请流程可以概括为:申请→审查→推荐→调查→评级→授信→发放→反馈。

(二)农民工返乡创业政策

2015年起,国家就开始在政策上给返乡创业的农民朋友以扶持,具体如下。

1.《国务院办公厅关于支持农民工等人员返乡创业的意见》(国办发〔2015〕47号)

《意见》提出了支持返乡创业5个方面的政策措施:

(1)降低返乡创业门槛。

(2)落实定向减税和普遍性降费政策。符合政策规定条件的,可享受减征企业所得税、免征增值税、营业税等税费减免政策。

(3)加大财政支持力度。对符合条件的企业和人员,按规定给予社保补贴;具备享受支农惠农、小微企业扶持政策规定条件的纳入扶持范围;经工商登记注册的网络商户从业人员,同等享受各项就业创业扶持政策;未经工商登记注册的,可同等享受灵活就业人员扶持政策。

(4)强化返乡创业金融服务。运用创业投资类基金支持农民工等人员返乡创业;加快发展村镇银行、农村信用社和小额贷款公司,鼓励银行业金融机构开发有针对性的金融产品和金融服务;加大对返乡创业人员的信贷支持和服务力度,对符合条件的给予创业担保贷款。

(5)完善返乡创业园支持政策。

2.《国务院办公厅关于推进农村一二三产业融合发展的指导意见》(国办发〔2015〕93号)

强化农民合作社和家庭农场基础作用。鼓励农民合作社发展农产品加工、销售,拓展合作领域和服务内容。鼓励家庭农场开展农产品直销。引导大中专毕业生、新型职业农民、务工经商返乡人员领办农民合作社、兴办家庭农场、开展乡村旅游等经营活动。支持符合条件的农民合作社、家庭农场优先承担政府涉农项目,落实

四、农村创新创业政策

财政项目资金直接投向农民合作社、形成资产转交合作社成员持有和管护政策。开展农民合作社创新试点,引导发展农民合作社联合社。引导土地流向农民合作社和家庭农场。

强化人才和科技支撑。加快发展农村教育特别是职业教育,加大农村实用人才和新型职业农民培育力度。加大政策扶持力度,引导各类科技人员、大中专毕业生等到农村创业,实施鼓励农民工等人员返乡创业3年行动计划和现代青年农场主计划,开展百万乡村旅游创客行动。鼓励科研人员到农村合作社、农业企业任职兼职,完善知识产权入股、参与分红等激励机制。支持农业企业、科研机构等开展产业融合发展的科技创新,积极开发农产品加工贮藏、分级包装等新技术。

3.《国务院办公厅关于支持返乡下乡人员创业创新促进农村一二三产业融合发展的意见》(国办发〔2016〕84号)

(1)重点领域和发展方向

①突出重点领域。鼓励和引导返乡下乡人员结合自身优势和特长,根据市场需求和当地资源禀赋,利用新理念、新技术和新渠道,开发农业农村资源,发展优势特色产业,繁荣农村经济。重点发展规模种养业、特色农业、设施农业、林下经济、庭院经济等农业生产经营模式,烘干、贮藏、保鲜、净化、分等分级、包装等农产品加工业,农资配送、耕地修复治理、病虫害防治、农机作业服务、农产品流通、农业废弃物处理、农业信息咨询等生产性服务业,休闲农业和乡村旅游、民族风情旅游、传统手工艺、文化创意、养生养老、中央厨房、农村绿化美化、农村物业管理等生活性服务业,以及其他新产业、新业态、新模式。

②丰富创业创新方式。鼓励和引导返乡下乡人员按照法律法规和政策规定,通过承包、租赁、入股、合作等多种形式,创办领办家庭农场林场、农民合作社、农业企业、农业社会化服务组织等新型农业经营主体。通过聘用管理技术人才组建创业团队,与其他

经营主体合作组建现代企业、企业集团或产业联盟，共同开辟创业空间。通过发展农村电商平台，利用互联网思维和技术，实施"互联网+"现代农业行动，开展网上创业。通过发展合作制、股份合作制、股份制等形式，培育产权清晰、利益共享、机制灵活的创业创新共同体。

③推进农村产业融合。鼓励和引导返乡下乡人员按照全产业链、全价值链的现代产业组织方式开展创业创新，建立合理稳定的利益联结机制，推进农村一二三产业融合发展，让农民分享二三产业增值收益。以农牧（农林、农渔）结合、循环发展为导向，发展优质高效绿色农业。实行产加销一体化运作，延长农业产业链条。推进农业与旅游、教育、文化、健康养老等产业深度融合，提升农业价值链。引导返乡下乡人员创业创新向特色小城镇和产业园区等集中，培育产业集群和产业融合先导区。

（2）政策措施

①简化市场准入。落实简政放权、放管结合、优化服务一系列措施，深化行政审批制度改革，持续推进商事制度改革，提高便利化水平。落实注册资本认缴登记和"先照后证"改革，在现有"三证合一"登记制度改革成效的基础上大力推进"五证合一、一照一码"登记制度改革。推动住所登记制度改革，积极支持各地放宽住所（经营场所）登记条件。县级人民政府要设立"绿色通道"，为返乡下乡人员创业创新提供便利服务，对进入创业园区的，提供有针对性的创业辅导、政策咨询、集中办理证照等服务。对返乡下乡人员创业创新免收登记类、证照类等行政事业性收费。

②改善金融服务。采取财政贴息、融资担保、扩大抵押物范围等综合措施，努力解决返乡下乡人员创业创新融资难问题。稳妥有序推进农村承包土地的经营权抵押贷款试点，有效盘活农村资源、资金和资产。鼓励银行业金融机构开发符合返乡下乡人员创业创新需求的信贷产品和服务模式，探索权属清晰的包括农业设

四、农村创新创业政策

施、农机具在内的动产和不动产抵押贷款业务,提升返乡下乡人员金融服务可获得性。推进农村普惠金融发展,加强对纳入信用评价体系返乡下乡人员的金融服务。加大对农业保险产品的开发和推广力度,鼓励有条件的地方探索开展价格指数保险、收入保险、信贷保证保险、农产品质量安全保证保险、畜禽水产活体保险等创新试点,更好地满足返乡下乡人员的风险保障需求。

③加大财政支持力度。加快将现有财政政策措施向返乡下乡人员创业创新拓展,将符合条件的返乡下乡人员创业创新项目纳入强农惠农富农政策范围。新型职业农民培育、农村一二三产业融合发展、农业生产全程社会化服务、农产品加工、农村信息化建设等各类财政支农项目和产业基金,要将符合条件的返乡下乡人员纳入扶持范围,采取以奖代补、先建后补、政府购买服务等方式予以积极支持。大学生、留学回国人员、科技人员、青年、妇女等人员创业的财政支持政策,要向返乡下乡人员创业创新延伸覆盖。把返乡下乡人员开展农业适度规模经营所需贷款纳入全国农业信贷担保体系。切实落实好定向减税和普遍性降费政策。

④落实用地用电支持措施。在符合土地利用总体规划的前提下,通过调整存量土地资源,缓解返乡下乡人员创业创新用地难问题。支持返乡下乡人员按照相关用地政策,开展设施农业建设和经营。落实大众创业万众创新、现代农业、农产品加工业、休闲农业和乡村旅游等用地政策。鼓励返乡下乡人员依法以入股、合作、租赁等形式使用农村集体土地发展农业产业,依法使用农村集体建设用地开展创业创新。各省(区、市)可以根据本地实际,制定管理办法,支持返乡下乡人员依托自有和闲置农房院落发展农家乐。在符合农村宅基地管理规定和相关规划的前提下,允许返乡下乡人员和当地农民合作改建自住房。县级人民政府可在年度建设用地指标中单列一定比例专门用于返乡下乡人员建设农业配套辅助设施。城乡建设用地增减挂钩政策腾退出的建设用地指标,以及

通过农村闲置宅基地整理新增的耕地和建设用地,重点支持返乡下乡人员创业创新。支持返乡下乡人员与农村集体经济组织共建农业物流仓储等设施。鼓励利用"四荒地"(荒山、荒沟、荒丘、荒滩)和厂矿废弃地、砖瓦窑废弃地、道路改线废弃地、闲置校舍、村庄空闲地等用于返乡下乡人员创业创新。农林牧渔业产品初加工项目在确定土地出让底价时可按不低于所在地土地等别相对应全国工业用地出让最低价标准的70%执行。返乡下乡人员发展农业、林木培育和种植、畜牧业、渔业生产、农业排灌用电以及农业服务业中的农产品初加工用电,包括对各种农产品进行脱水、凝固、去籽、净化、分类、晒干、剥皮、初烤、沤软或大批包装以供应初级市场的用电,均执行农业生产电价。

⑤开展创业培训。实施农民工等人员返乡创业培训5年行动计划和新型职业农民培育工程、农村青年创业致富"领头雁"计划、贫困村创业致富带头人培训工程,开展农村妇女创业创新培训,让有创业和培训意愿的返乡下乡人员都能接受培训。建立返乡下乡人员信息库,有针对性地确定培训项目,实施精准培训,提升其创业能力。地方各级人民政府要将返乡下乡人员创业创新培训经费纳入财政预算。鼓励各类培训资源参与返乡下乡人员培训,支持各类园区、星创天地、农民合作社、中高等院校、农业企业等建立创业创新实训基地。采取线上学习与线下培训、自主学习与教师传授相结合的方式,开辟培训新渠道。加强创业创新导师队伍建设,从企业家、投资者、专业人才、科技特派员和返乡下乡创业创新带头人中遴选一批导师。建立各类专家对口联系制度,对返乡下乡人员及时开展技术指导和跟踪服务。

⑥完善社会保障政策。返乡下乡人员可在创业地按相关规定参加各项社会保险,有条件的地方要将其纳入住房公积金缴存范围,按规定将其子女纳入城镇(城乡)居民基本医疗保险参保范围。对返乡下乡创业创新的就业困难人员、离校未就业高校毕业生以

四、农村创新创业政策

灵活就业方式参加社会保险的,可按规定给予一定社会保险补贴。对返乡下乡人员初始创业失败后生活困难的,可按规定享受社会救助。持有居住证的返乡下乡人员的子女可在创业地接受义务教育,依地方相关规定接受普惠性学前教育。

⑦强化信息技术支撑。支持返乡下乡人员投资入股参与信息进村入户工程建设和运营,可聘用其作为村级信息员或区域中心管理员。鼓励各类电信运营商、电商等企业面向返乡下乡人员开发信息应用软件,开展农业生产技术培训,提供农资配送、农机作业等农业社会化服务,推介优质农产品,组织开展网络营销。面向返乡下乡人员开展信息技术技能培训。通过财政补贴、政府购买服务、落实税收优惠等政策,支持返乡下乡人员利用大数据、物联网、云计算、移动互联网等新一代信息技术开展创业创新。

⑧创建创业园区(基地)。按照政府搭建平台、平台聚集资源、资源服务创业的思路,依托现有开发区、农业产业园等各类园区以及专业市场、农民合作社、农业规模种养基地等,整合创建一批具有区域特色的返乡下乡人员创业创新园区(基地),建立开放式服务窗口,形成合力。现代农业示范区要发挥辐射带动和示范作用,成为返乡下乡人员创业创新的重要载体。支持中高等院校、大型企业采取众创空间、创新工厂等模式,创建一批重点面向初创期"种子培育"的孵化园(基地),有条件的地方可对返乡下乡人员到孵化园(基地)创业给予租金补贴。

4.《国务院办公厅关于建设第二批大众创业万众创新示范基地的实施意见》(国办发〔2017〕54号)

支持农民工返乡创业。鼓励和引导返乡农民工按照法律法规和政策规定,通过承包、租赁、入股、合作等多种形式,创办领办家庭农场林场、农民合作社、农业企业、农业社会化服务组织等新型农业经营主体。通过发展农村电商平台,利用互联网思维和技术,实施"互联网+"现代农业行动,开展网上创业。返乡下乡人员可在

创业地按相关规定参加各项社会保险,有条件的地方要将其纳入住房公积金缴存范围,按规定将其子女纳入城镇(城乡)居民基本医疗保险参保范围。鼓励双创示范基地设立"绿色通道",为返乡下乡人员创新创业提供便利服务,对进入创业园区的,提供有针对性的创业辅导、政策咨询、集中办理证照等服务。

5.《国务院关于强化实施创新驱动发展战略进一步推进大众创业万众创新深入发展的意见》(国发〔2017〕37号)

加快将现有支持"双创"相关财政政策措施向返乡下乡人员创新创业拓展,将符合条件的返乡下乡人员创新创业项目纳入强农惠农富农政策范围。探索实施农村承包土地经营权以及农业设施、农机具抵押贷款试点。

允许返乡下乡人员依法使用集体建设用地开展创新创业。返乡农民工可在创业地参加各项社会保险。鼓励有条件的地方将返乡农民工纳入住房公积金缴存范围,按规定将其子女纳入城镇(城乡)居民基本医疗保险参保范围。地方人民政府要建立协调推动机制,有条件的县级人民政府应设立"绿色通道",为返乡下乡人员创新创业提供便利服务。

6.《农业农村部关于大力实施乡村就业创业促进行动的通知》(农加发〔2018〕4号)

(1)充分认识重要意义。就业是民生之本,创业是发展之源。党的十八大以来,各地农业农村部门认真落实中央就业创业一系列政策措施,实施大众创业、万众创新战略,积极支持农民工、中高等院校毕业生、退役军人、科技人员、留学回国人员、工商企业主和农村能人等返乡下乡本乡人员就业创业,取得了明显进展和成效。但仍面临一些突出困难和问题,一些地方落实政策不到位、就业创业氛围不浓厚;有些地方就业创业服务平台欠缺、公共服务能力不足;许多地方就业创业优势特色不突出,农村一二三产业融合不够等。实施乡村就业创业促进行动,有利于推动政策落实,搭建公共

四、农村创新创业政策

服务平台,引进和培育更多的创业创新主体,建设乡村人才队伍;有利于培育新产业新业态新模式,壮大乡村优势特色产业,促进农村一二三产业融合发展;有利于推动城乡要素双向流动,实现人才、资源、产业向乡村汇聚,构建城乡融合发展的体制机制。总之,实施乡村就业创业促进行动,对于推动乡村产业振兴、人才振兴、生态振兴、文化振兴和组织振兴,加快推进农业农村现代化,实现农业强起来、农村美起来、农民富起来,都具有十分重要的意义。

(2)准确把握总体要求。实施乡村就业创业促进行动要以习近平新时代中国特色社会主义思想为指导,以实施乡村振兴战略为总抓手,以推进农业供给侧结构性改革为主线,按照"政府搭建平台、平台集聚资源、资源服务就业创业"的总要求,动员各方力量,整合各种资源,强化各项举措,通过壮大产业、培育主体、搭建平台、推进融合,支持和鼓励更多返乡下乡本乡人员就业创业,努力形成创新促创业、创业促就业、就业促增收的良好局面。

实施乡村就业创业促进行动,要坚持自主就业创业,支持各类主体自主决定就业创业领域、方向、形式;政府重点提供公共服务、优化外部环境、加强产业引导。坚持人才优先培养,把人才作为就业创业的核心要素,激励各类人才在农村广阔天地大施所能、大展才华、大显身手。坚持特色产业带动,根据产粮村、特色村、城边村、工贸村、生态村、古村落村的不同资源禀赋,宜农则农、宜加则加、宜商则商、宜旅则旅,支持能人返乡、企业兴乡和市民下乡促就业创业。坚持产业融合发展,按照"基在农业、惠在农村、利在农民"要求,以让农民分享全产业链增值收益为核心,延长产业链、提升价值链、完善利益链,构建现代农业产业体系、生产体系、经营体系,推进就业创业向园区聚集。

(3)进一步明确目标任务。到2020年,培训农村创业创新人才40万人,培育农村创业创新带头人1万名,宣传推介优秀带头人典型300个;培育100名国家级、1 000名省级和1万名市县级

农村创业创新导师;建设300个国家农村创业创新园区(基地)、100个全国农村创业创新人员培训基地。建立促进就业创业的政策体系、工作体系和服务体系,促进乡村就业创业规模水平明显提升。

①围绕培育主体促进就业创业。依托返乡创业培训5年行动计划、新型职业农民培育工程、农村实用人才带头人和大学生村官示范培训、农村青年创业致富"领头雁"计划、贫困村创业致富带头人培训工程、农村创业致富女带头人等项目,有针对性地开展创业创新人才培训。开展农村创业创新"百县千乡万名带头人"培育工作和百万人才培训行动,以农民合作社、家庭农场、专业大户、农业企业和纯农户、兼业户和职业户为重点,培育一批新型农业经营主体和新型职业农民;以科技人员、企业家、经营管理和职业技能人员等为主体,培育一批乡村复合型人才;以农村创业创新带头人、科技人员、企业家、创业辅导师等为重点,培育农村创业创新导师队伍。以农村创业创新项目创意大赛、农村创业创新成果展览展示等为载体,选拔培育一批优秀创意项目和创业者,对接优质资源要素,激发就业创业热情。

②围绕打造园区促进就业创业。动态跟踪1 096个全国农村创业创新园区(基地)运营情况,及时更新园区(基地)目录,加快建设一批区域特色明显、基础设施完备、政策措施配套、科技创新条件完善、服务能力较强的国家农村创业创新园区(基地)。确认一批农村创业创新人员培训、实训、见习、实习和孵化基地,不断提升培育质量;加强与各类创业创新基地的交流合作,建立共享共赢机制,适时开展督促检查和第三方评估。

③围绕发展特色产业促进就业创业。支持发展农产品初加工、精深加工、综合利用加工、主食加工、休闲旅游、电子商务等优势产业,鼓励发展特色农业、传统民俗民族工艺、手工编织、乡村特色制造、乡土产业、养生养老、科普教育和生产性服务业等乡村特

四、农村创新创业政策

色产业,指导发展分享农场、共享农庄、创意农业等,培育发展家庭工厂、手工作坊、乡村车间,鼓励在乡村地区兴办环境友好型企业,实现乡村多元化就业创业。

④围绕推动产业融合促进就业创业。积极推广农业内部融合、产业延伸融合、功能拓展融合、新技术渗透融合、产城融合和复合型融合等多种融合模式;支持发展循环型、终端型、体验型、智慧型等农业新业态,推进智能生产、经营平台、物流终端、产业联盟和资源共享等农业新模式;大力引导农业与乡村工艺、制造、文化、教育、科技、康养、旅游、生态、信息等产业深度融合,指导各类园区重点建设融合产业、集群发展和利益联结机制等内容,培育一批农村一二三产业融合发展示范园和先导区,为乡村就业创业提供更多选择和机会。

(4)切实强化保障措施。

①强化组织领导。各级农业农村部门要把实施乡村就业创业促进行动作为乡村振兴战略的重要举措,作为经常性、长期性和战略性的重要任务来抓,研究制定本地乡村就业创业促进行动工作方案,进一步明确任务分工和进度安排,建立保障机制、督查机制和激励约束机制。要积极发挥牵头作用,加快建立农村创业创新推进协调机制,认真履行规划、指导、管理、服务等职能;要指导市县农业农村部门进一步明确行动的目标任务、进度安排、责任分工和保障措施,确保推进行动取得实效;要定期开展督导检查,上下联动、共同发力,力争形成齐抓共管的良好局面。

②强化政策落实。各地要认真对照《国务院办公厅关于支持返乡下乡人员创业创新促进农村一二三产业融合发展的意见》等文件,尽快制定出台相应的实施意见,进一步推动各项就业创业政策细化实化、落地见效。通过政府购买服务、以奖代补、先建后补等方式,支持乡村就业创业项目;通过保底分红、股份合作、利润返还等多种形式,让农民合理分享全产业链增值收益;通过创设新的

财税、金融、用地、用电、科技、信息、人才等配套政策措施,构建全链条优惠政策体系;通过深化"放管服"改革,激活市场、要素和主体活力。

③强化公共服务。要针对乡村就业创业涉及的主要产业、优惠政策、配套服务等内容,督促指导市县加快建设乡村就业创业共享平台和信息服务窗口,增强就业创业的引导性、精准性和协同性;进一步加强就业创业辅导培训,提升就业创业能力;加强农村创业创新监测调查,及时掌握农村创业创新新动向;积极争取金融、投资和相关部门的支持,完善乡村就业创业合作机制。

④强化典型带动。积极利用各种场合和各类平台,通过座谈会、大讲堂、现场交流等活动,以农村创业创新优秀带头人和优秀乡村企业家的创业历程等为素材,讲述乡村就业创业故事,分享做法经验,在提升乡村就业创业人员素质能力同时,激励更多返乡下乡本乡人员在农村脚踏实地创出一片大有可为的新天地,培育一支留得住、用得上、靠得住的乡村就业创业人才队伍。

⑤强化宣传引导。广泛通过广播、电视、报纸、网络、微信、微博、宣传册、明白纸等形式,积极宣传促进乡村就业创业发展的相关政策和项目实施成效;积极宣传各类促进乡村就业创业发展的典型平台和模式,发挥其示范带动作用;积极宣传乡村就业创业的各项活动,提高社会影响力,吸引社会各界广泛关注并积极投身乡村就业创业促进行动中,推动乡村就业创业蔚然成风。

(三)创业税收优惠政策

为了方便纳税人及时了解掌握税收优惠政策,更好发挥税收助力大众创业、万众创新的税收作用,国家税务总局于2017年4月发布了《"大众创业万众创新"税收优惠政策指引》(以下简称《指引》),受到广大纳税人普遍欢迎。党中央、国务院持续加大对创新创业的支持力度,新推出一系列税收优惠政策。国家税务总局在

四、农村创新创业政策

认真抓好落实的同时,及时跟进梳理,形成了最新《指引》,在2019年6月全国"双创"活动周举办期间特别推出。

《指引》归集了截至2019年6月我国针对创新创业主要环节和关键领域陆续推出的89项税收优惠政策措施,覆盖企业从初创到发展的整个生命周期。其中,2013年以来出台的税收优惠有78项。

《指引》延续了2017年的体例,结构上分为引言、优惠事项汇编和政策文件汇编目录。每个优惠事项分为享受主体、优惠内容、享受条件和政策依据。优惠事项汇编继续按照3个阶段对企业初创期、成长期和成熟期适用的税收优惠政策进行分类整理,在内容上展示了支持创业创新的税收优惠政策最新成果。

1. 在促进创业就业方面

小型微利企业所得税减半征税范围已由年应纳税所得额30万元以下逐步扩大到300万元以下,增值税起征点已从月销售额3万元提高到10万元,高校毕业生、退役军人等重点群体创业就业政策已"提标扩围",并将建档立卡贫困人口纳入了政策范围。

2. 在鼓励科技创新方面

一是为进一步促进创新主体孵化,科技企业孵化器和大学科技园免征增值税、房产税、城镇土地使用税,政策享受主体已扩展到省级孵化器、大学科技园和国家备案的众创空间;创业投资企业和天使投资个人所得税政策已推广到全国实施。二是为进一步促进创业资金聚合,金融机构向小微企业、个体工商户贷款利息免征增值税的单户授信额度,已由10万元扩大到1 000万元;金融机构与小型微型企业签订借款合同免征印花税。三是为进一步促进创新人才集聚,对职务科技成果转化现金奖励减征个人所得税。四是为进一步促进创新能力提升,研发费用加计扣除力度逐步加大,企业委托境外发生的研发费用纳入加计扣除范围,所有企业的研发费用加计扣除比例均由50%提高至75%,固定资产加速折旧政策已推广到所有制造业领域。五是为进一步促进创新产业发展，软件和集成电路企业所得税优惠政策适用条件进一步放宽。

《指引》可以在税务总局网站查询，广大纳税人可以对照《指引》，找到适合自身发展的税收优惠，充分享受政策红利。税务部门也将持续深化"放管服"改革，不断创新服务举措，确保"双创"优惠政策落地更便利更通畅。

五、农村产业发展支持政策

(一) 人才支持政策

进入 21 世纪以后,随着中国农业现代化进程加快,农村实用技术人才严重短缺,传统的农业职业教育供给不足,教育供给和需求错位,不能满足现代农业对劳动者的素质要求。在这样的背景下,《国务院关于进一步加强农村教育工作的决定》提出"以农民培训为重点开展农村成人教育",启动"新型农民科技培训素质工程",大力实施"农村实用技术人才培训工程"。此后多个中央 1 号文件对推进"农村实用技术人才培训工程"进行部署。

1. 新型职业农民培训

2015 年中央 1 号文件提出要大力培育新型职业农民,这是立足我国农村劳动力结构和职业教育的新变化、着眼现代农业发展的新需求,是加快培育现代农业生产经营主体的战略决策。

近年来,国家高度重视农民职业教育和培训的发展,制定和出台了相应的宏观政策,经费投入也在逐年加大,理论研究得到加强。目前,我国已初步建立起了从高等教育到中等职业教育再到职业技术培训和劳动力转移培训协调发展的"立交桥",基本形成了以高等农业职业教育为龙头、中等农业职业教育为龙身、农业技术培训与劳动力转移培训为龙尾的大农业职业教育格局。

农业广播电视教育在改革开放中应运而生,农民科技教育培训中心在各级农业广播电视学校中的建立,从中央到地方已经形成了一套完整的网络体系,成为农业职业教育培训工作的主要阵地和常规机构。农业技术推广机构既承担着农业技术推广任务,

又承担着面向千百万农民开展短期技术普及培训的任务,目前,从中央到乡镇都形成了完善的网络体系。近年来,伴随着农业与农村经济结构的调整与优化,加之政府的各种激励政策,使得一些龙头农业企业、农业行业组织、农民专业协会也逐渐参与到农业职业教育培训的行列中来。这些社会力量,对于促进农业生产经营方式转变,引导和带动农户延伸农业产业链,实现企业、合作社、农户共富局面具有积极作用。除此之外,随着农村劳动力非农转移职业教育培训需求迅速增长,一些民办职业教育培训机构获得新的发展。

目前,在我国农业职业教育培训市场中,不同主体参与,不同类型教育培训机构分工协作的系统已初步形成。除此之外,积极推进县级职教中心、农民科技书屋的建设工作,为农民在家门口学习科技文化知识创造条件。同时,新媒体网络平台在农业职业教育培训中发挥着越来越重要的作用。

2. 农产品加工业人才队伍建设

2015年,农业部办公厅关于进一步加强农产品加工业人才队伍建设的意见(农办加〔2015〕14号)明确指出,要以促进农产品加工业创新驱动转型升级发展为目标,以提高农产品加工业自主创新能力和市场竞争力为核心,以培养科技创新与推广人才、经营管理人才、职业技能人才、企业家及创新创业带头人为重点,进一步加大政策支持力度,创新体制机制,优化发展环境,加快建设一支规模宏大、结构合理、素质优良、善于实战的农产品加工业人才队伍。

(1)推进农产品加工业人才队伍建设坚持的原则。

①坚持人才优先与服务产业相结合。紧紧围绕促进农产品加工业持续健康发展,以提高人才队伍素质为重点,以用好用活人才、提高人才效能为目标,努力破除一切束缚人才发展的思想观念和体制机制障碍,加快形成关注人才、发现人才、培养人才、使用人

五、农村产业发展支持政策

才、爱护人才的良好社会氛围。

②坚持突出重点与全面提升相结合。紧紧围绕提升农产品加工业重点领域、重点行业发展水平,统筹推进不同层次、不同区域、不同领域人才队伍建设协调发展和结构优化,全面提升农产品加工业人才队伍素质和能力。

③坚持政府主导与社会广泛参与相结合。充分发挥各级管理部门组织引领作用,更好地发挥和调动广大科研单位、大专院校、企业及社会服务机构的积极性主动性,逐步形成政府主导、企业主体、科研教学和社会机构广泛参与的人才培养工作新格局。

(2)强化措施保障。

①加强政策落实创设。全面落实国家人才队伍建设政策措施,积极争取财政、税收、金融、政府采购、知识产权保护等政策,形成政策支持合力。加强政策创设,把人才队伍建设同落实重点项目、推进重点工作结合起来,加大科技项目、财政项目和强农惠农富农政策支持力度,不断完善农产品加工业人才队伍建设政策体系。

②加强人才平台建设。一是加强以农产品加工科研院所、大专院校和领军企业为重点的科技创新平台建设,进一步完善科企合作、校企合作机制。为科技创新人才发展创造条件。二是加强各级乡镇企业培训中心能力建设,发挥农村实用人才培训基地优势,建立一批企业经营管理人才和创新创业人才培训基地。选择一批基础设施完善、服务功能齐全、社会影响力大、示范带动作用强的农产品加工园区和领军企业,建设一批创业基地和见习基地,为农民创业创新提供专业化、特色化、个性化服务。三是加强人才信息服务平台建设,逐步建立覆盖面广、优势互补、资源共享的人才信息服务系统,促进人才信息交流,提高人才管理科学化、信息化水平。健全人才评价使用机制,完善以能力、业绩为主要内容的人才评价标准,探索第三方或专业中介机构开展人才评价,推动人

才评价的科学化和社会化。

③加强公共服务。一是各级农产品加工业和乡镇企业服务机构要立足服务产业发展,进一步履行公共服务职责,把服务农产品加工业人才队伍建设作为重要任务,加强队伍建设,强化职业理想、职业道德和职业纪律意识教育,拓展服务功能,创新服务方式,提高服务能力,更好地发挥服务新业态、新模式和新主体发展的重要保障作用。二是充分调动科研、教学、行业协会和社会中介组织的积极性,整合资源,聚焦聚力,为农产品加工业人才队伍建设提供积极有效的服务。

(二)科技支持政策

1. 制定科学的发展规划

2009年,农业部专门制定了《基层农业技术推广体系建设规划(2009—2011年)》,有效提升基层农技推广体系公共服务能力。《规划》总结分析了基层农技推广体系的机构、队伍、运行机制和条件建设的现状,提出了基层农技推广体系建设的指导思想和建设原则,重点是从机构建设、运行机制建设和设施条件建设等方面提出了建设重点和建设内容。

2. 成立专门的组织机构

在基层农技推广体系改革建设中,我国专门成立了基层农技推广体系改革与建设工作协调小组,加强部门间沟通协调,推进政策落实。根据中央的工作分工,在农业部推动下,成立了由农业部部长担任召集人,中央机构编制委员会办公室、国家发展和改革委员会、财政部、人力资源和社会保障部、科技部、教育部、国家林业局等相关部门分管领导参加的基层农技推广体系改革与建设工作协调小组。协调小组成立以来,农业部与相关部门进行了广泛而细致的沟通,明确了推进基层农技推广体系改革与建设的工作思路和工作重点,落实具体工作措施,为改革与建设工作的稳步推进

五、农村产业发展支持政策

提供了重要保障。

3. 强化财政资金投入,创新投资方式

从2009年开始,农业部、财政部共同启动实施"基层农技推广体系改革与建设示范县项目"。按照干中改、改中建的思路,在整合相关资源的基础上,加大投入力度,建立专项经费,中央财政共安排资金7.7亿元,在全国改革进展较快、体制机制较完善的770个县实施,每个县安排农技推广工作经费100万元。在开展政府向经营性服务组织购买农业公益性服务的过程中,引入市场机制,通过政府订购、定向委托、以奖代补、贷款担保、招投标等方式,支持具有一定资质的经营性服务组织从事可量化、易监管、受益广的农业公益性服务,创新农业公益性服务有效实现方式。同时积极探索对经营性服务组织建设集中育秧、粮食烘干、农机场库棚等受益面大但收益较低的服务性基础设施的支持方式,提高服务的针对性和供给效率。

4. 推进农产品加工科技创新与推广

《农业部关于大力推进农产品加工科技创新与推广工作的通知》(农加发〔2015〕2号)明确指出,要以农产品加工业科技创新与推广为核心,促进科技创新与经济发展紧密结合,为推动农产品加工业持续稳定健康发展提供坚强的科技和人才支撑。

(1)不断增强农产品加工重大共性关键技术创新能力。加强企业技术需求征集,组织科研单位、大专院校与企业协同攻关,提高科技创新的针对性和时效性。进一步强化企业创新主体地位,全面落实企业技术开发费用所得税前扣除、技术改造国产设备投资抵免所得税和企业技术创新、引进、推广资金等扶持政策。鼓励企业增加创新投入,激发企业创新活力,在科技创新基础上,全面推进管理创新、产品创新和市场模式创新。坚持引进来与走出去相结合,用好国际国内两种创新资源、两个科技市场,加强国外先进技术引进吸收消化再创新,不断提高自主创新能力。

乡村振兴之"三农"政策

(2)加快提升农产品产地初加工技术装备水平。要加强粮食、果蔬等大宗农产品烘干贮藏保鲜共性关键技术创新和推广，开发新型农产品初加工设施装备，不断降低农产品产后损失水平。要以实施农产品产地初加工补助政策为重点，充分利用农机购置补贴等强农惠农富农政策，加强农产品分级、清洗、打蜡、包装、贮藏、运输等环节技术、工艺和设施集成配套，实现"一库多用、一窖多用、一房多用"目标。加强适用技术先行先试，熟化推广一批特色农产品加工技术，提高特色农产品加工水平。

(3)大力促进农产品加工科技成果转化推广应用。要坚持成熟技术筛选、技术配套集成与推广一体化设计、产业化推进，开展成熟技术筛选推广，发布行业重大科技成果，培育科企合作先进典型，引导科研更好地为产业服务。要加强科技成果推广转化平台建设，在办好全国农产品加工科技创新与推广活动和区域性科企对接活动基础上，加快推进互联网与科技成果转化结合，探索建立线上线下紧密结合的科技成果转化电子商务平台，集中展示最新技术、工艺、装备和产品，为科研单位和加工企业更广泛对接创造良好的条件，有条件的地区要积极建立农产品加工科技成果转化交易中心。全面落实国家科技成果转化扶持政策，完善科技成果转化和收益分配机制，不断激发和调动企业、科研院校的创新积极性，推动科技成果高效转化应用。

(三)信息服务支持政策

2016年，农业部印发《"十三五"全国农业农村信息化发展规划》，对未来农业信息化工作提出了主要任务，并明确了保障措施。

1. 加强信息技术与农业生产融合应用

生产信息化是农业农村信息化的短板，亟须加快补齐。加快物联网、大数据、空间信息、智能装备等现代信息技术与种植业(种业)、畜牧业、渔业、农产品加工业生产过程的全面深度融合和应

五、农村产业发展支持政策

用,构建信息技术装备配置标准化体系,提升农业生产精准化、智能化水平。

(1)突破大田种植业信息技术规模应用瓶颈。充分利用土地承包经营权确权登记成果,在高标准农田、现代农业示范区等大宗粮食和特色经济作物规模化生产区域,构建"天—地—人—机"一体化的大田物联网测控体系,加快发展精准农业。大力推广水稻智能催芽、测土配方施肥、水肥一体化精准灌溉、航空施药和大型植保机械等智能化技术和装备。加强遥感技术在监测土壤墒情、苗情长势、自然灾害、病虫害、轮作休耕和主要农产品产量等方面的应用。加快基于北斗系统的深松监测、自动测产、远程调度等作业的大中型农机物联网技术推广。加快建立以农作物品种身份鉴定制度、标签标示信息代码制度和种子委托生产代销备案制度为基础的种子生产、经营、流通可追溯体系,全面提升种业数据采集、分析能力和信息化水平。

(2)推进设施农业信息技术深化应用。在设施农业领域大力推广温室环境监测、智能控制技术和装备,重点加快水肥一体化智能灌溉系统的普及应用。加强分品种温室作物生长知识模型、阈值数据和知识库系统的开发与应用,不断优化作物的最佳生产控制方案。加强果蔬产品分级分选智能装备、花果菜采收机器人、嫁接机器人的研发示范,应用推广智能化的植物工厂种植模式。

(3)强化畜禽养殖业信息技术集成应用。以猪、牛、鸡等主要畜禽品种的规模化养殖场站为重点。加强养殖环境监控、畜禽体征监测、精准饲喂、废弃物自动处理、智能养殖机器人、网络联合选育系统、智能挤奶捡蛋装置、粪便和病死畜禽无害化处理设施等信息技术和装备的应用。加强二维码、射频识别等技术应用,构建畜禽全生命周期质量安全管控系统。加强动物疫病监测预警,提升重大动物疫病防控能力。

(4)推动渔业信息技术广泛应用。加快渔业物联网示范应用,

在水产养殖重点区域推广应用水体环境实时监控、饵料自动精准投喂、水产类病害监测预警、循环水装备控制、网箱升降控制等信息技术和装备,加强陆基工厂、网箱、工程化池塘养殖的信息技术应用,开展深远海养殖平台的研发与应用,努力实现水产养殖装备工程化、技术精准化、生产集约化和管理智能化。大力推广北斗导航技术在渔船监测调度和远洋捕捞中的应用,为海洋渔船配备卫星通信、定位、导航、防碰撞等渔船用终端,升级改造渔业通信基站,完善全国海洋渔船渔港动态监控管理系统,升级改造中国渔政管理指挥信息平台,提高渔业生产信息服务水平,保障渔业生产安全。

(5)引导农产品加工业信息技术普及应用。完善农产品产地初加工补助政策管理信息系统,探索建立粮食烘干、果蔬贮藏、采后商品化处理等初加工设施大数据平台,加强农产品产地贮藏、加工情况监测。鼓励农产品加工企业推进信息化建设,积极发展智能制造,加强拣选、加工、包装、码垛机器人等自动化设备的研发应用,推广普及智能报警的安全生产风险控制系统,利用大数据实现精准生产、精准营销,加快建立涵盖原料采购、生产加工、包装仓储、流通配送全过程的质量安全追溯体系。

2. 促进农业农村电子商务加快发展

加快发展农业农村电子商务,创新流通方式,打造新业态,培育新经济,重构农业农村经济产业链、供应链、价值链,促进农村一二三产业融合发展。

(1)统筹推进农业农村电子商务发展。注重提高农村消费水平与增加农民收入相结合,建立农产品、农村手工制品上行和消费品、农业生产资料下行双向的流通格局,扩大农业农村电子商务应用范围。积极配合商务、扶贫等部门。加强政企合作,大力推进农产品特别是鲜活农产品电子商务,重点扶持贫困地区利用电子商务开展特色农业生产经营活动。鼓励发展农业生产资料电子商

五、农村产业发展支持政策

务,开展农业生产资料精准服务。创新休闲农业网上营销和交易模式,推动休闲农业成为农业农村经济发展新的增长点。加强农业展会在线展示、交易。

(2) 破解农业农村电子商务发展瓶颈。加强产地预冷、集货、分拣、分级、质检、包装、仓储等基础设施建设,强化农产品电子商务基础支撑。以鲜活农产品为重点,加快建设农业农村电子商务标准体系。完善动植物疫病防控体系和安全监管体系,建立全国农产品质量安全监管追溯体系,提升信息化监管能力和水平。加强电子商务领域信息统计监测,推动建立企业与监管部门数据共享机制和标准。开展农产品、农业生产资料和休闲农业试点示范,探索一批可复制可推广的发展模式。

(3) 大力培育农业农村电子商务市场主体。开展新型农业经营主体培训,鼓励建立电商大学等多种形式的培训机构,提升新型农业经营主体电子商务应用能力。发挥农业部门的牵线搭桥作用,组织开展电商产销对接活动,推动农产品上网销售。鼓励综合型电商企业拓展农业农村业务,扶持垂直型电商、县域电商等多种形式电商的发展壮大,支持电商企业开展农产品电商出口交易,促进优势农产品出口。大力推进农产品批发市场电子化交易和结算,鼓励新型农业经营主体应用信息管理系统等。

3. 推动农业政务信息化提档升级

政务信息化是提升政府治理能力、建设服务型政府的重要抓手。加强农业政务信息化建设,深化农业农村大数据创新应用,全面提高科学决策、市场监管、政务服务水平。

(1) 大力推进政务信息资源共享开放。完善政务信息资源标准体系,推进政务信息资源全面、高效和集约采集,推动业务资源、互联网资源、空间地理信息、遥感影像数据等有效整合与共享,形成农业政务信息资源"一张图"。制定农业政务信息资源共享管理办法和数据共享开放目录,建设政务信息资源共享开放服务平台。

推进部省农业数据中心云化升级,提高计算资源、存储资源、应用支撑平台等利用效率。推动形成跨部门、跨区域农业政务信息资源共享共用格局,有序推动数据资源社会开放,逐步实现农业农村历史资料数据化、数据采集自动化、数据使用智能化、数据共享便捷化。

(2)加快推动农业农村大数据发展。加强农业农村大数据建设,完善村、县相关数据采集、传输、共享基础设施,建立农业农村数据采集、运算、应用、服务体系,统筹国内国际农业数据资源,强化农业资源要素数据的集聚利用。加快完善农业数据监测、分析、发布、服务制度,建立健全农业数据标准体系,提升农业数据信息支撑宏观管理、引导市场、指导生产的能力。推进各地区、各行业、各领域涉农数据资源的开放共享,加强数据资源挖掘应用。

(3)强化农业政务重要信息系统深化应用。建设智能化、可视化政务综合管理(应急指挥)大厅,升级完善全国农业视频会议系统,满足政务综合管理、日常监管、应急处置和决策指挥需要。顺应移动互联网发展趋势,在确保保密和安全的前提下,加快研发运行移动办公系统,深化农业行业统计监测、监管评估、信息管理、预警防控、指挥调度、行政审批、行政执法等重要电子政务业务系统建设,提高农业行政管理效能。建设高效、集约、统一的农业门户网站与新媒体平台、"三农"舆情监测和"三农"综合信息服务系统,提升对外宣传、舆论引导和政务服务能力。构建农业电子政务一体化运维管理体系,实现运维管理由被动向主动转变,确保安全稳定运行、持续可靠服务。

(4)加强网络安全保障能力建设。加快构建农业系统关键信息基础设施安全保障体系,完善网络和信息安全保障管理制度,建立信息安全通报机制,推动信息系统和网络接口整合。加强信息系统等级保护定级、测评和整改,强化重要信息系统和数据资源安全保护。实行数据资源分类分级管理,提高网络信息安全保障能

力,实现数据资源安全、高效和可信应用。强化网络信息安全设备和安全产品配备,完善身份鉴别、访问控制、安全审计、边界防护及信息流转控制等安全防护手段,建设信任服务、安全管理和运行监管等系统。增强网络安全防御能力,全天候全方位感知网络安全态势,确保网络环境安全和网络秩序良好,坚决防止重大网络安全事件的发生。

4. 推进农业农村信息服务便捷普及

加快建立新型农业信息综合服务体系,集聚各类信息服务资源,创新服务机制和方式,大力发展生产性和生活性信息服务,提升农村社会管理信息化水平,加快推进农业农村信息服务普及。

(1)全面推进信息进村入户。坚持把信息进村入户作为现代农业发展的重大基础性工程来抓,将其打造成"互联网+"在农村落地的示范工程。加快益农信息社"整省推进"建设速度。构建信息进村入户组织体系,不断完善部管理协调、省统筹资源、县运营维护、村户为服务主体的推进机制。强化制度规范建设,研究制定管理办法和标准体系,探索将信息进村入户工作纳入地方党委政府绩效考核。建立政府补贴制度,研究出台政府购买服务政策,积极引导电信运营商、电商、IT企业、金融机构等共同推进信息进村入户,健全市场化运营机制,推动组建信息进村入户全国和省级运营实体。突出公益性服务,协同推进经营性服务,不断完善以12316为核心的公益服务体系,丰富便民服务内容,推进电子商务快速发展,提升体验服务效果。上线运行信息进村入户全国平台和家庭版、村社版等移动终端应用系统,支持各省(区、市)建设区域性数据平台。围绕农业农村大数据建设,强化益农信息社的数据采集功能。加大涉农信息资源整合共享力度,协调推动村务公开、社会治理、医疗保险、文化教育、金融服务等领域的信息化建设和应用。

(2)加强农民信息化应用能力建设。面向新型农业经营主体、新型服务主体、新型职业农民和农业部门工作人员开展农业物联

网、电子商务等信息化应用能力培训,提升技术水平、经营能力和信息素养。加强新型职业农民培育的信息化建设,为新型职业农民提供在线教育培训、生产经营支持、在线管理考核等服务。加快提升农业技能开发工作信息化水平,提高工作效率。利用各级农业部门现有培训项目、资源和体系,动员企业、行业协会等社会各界力量广泛参与,开展农民手机应用技能培训。组织农民手机使用技能竞赛,推介适合农民应用的 App 软件和移动终端,为农民和新型农业经营主体构建支持生产、提升技能、学习交流的平台和工具。加强农技推广服务信息化,开展农技人员专业化培训,实现科研专家、农技人员、农民的互联互通,提升农技人员的业务素质,为农民提供精准、实时的指导服务。

(3)促进农业信息社会化服务体系建设。支持农业社会化服务组织信息化建设,支持科研机构、行业协会、IT 企业、农业产业化龙头企业、农民合作社等市场主体发展生产性服务,并积极利用现代信息技术开展农业生产经营全程托管、农业植保、病虫害统防统治、农机作业、农业农村综合服务、农业气象"私人定制"等服务,推动分享经济发展。鼓励农民基于互联网开展创业创新,参与代理服务、物流配送等产业基础环节服务。利用"互联网+"创新农业金融、保险产品,增强信贷、保险支农服务能力。推进农业数据开发利用、农产品线上营销等信息服务业态发展,拓展农业信息服务领域。加强农业博物馆现有实体陈列和馆藏农业文物数字化展示。

5. 夯实农业农村信息化发展支撑基础

加强农业农村信息化发展基础设施建设,加大科技创新与应用基地建设力度,大力培育农业信息化企业,支撑农业农村信息化跨越发展。

(1)加强农业信息技术研发创新。完善农业农村信息化科研创新体系,壮大农业信息技术学科群建设,科学布局一批重点实验室,加快培育领军人才和创新团队,加强农业信息技术人才培养储

五、农村产业发展支持政策

备。提升农业农村信息化关键核心技术的原始创新、集成创新和引进消化吸收再创新能力,加快研发性能稳定、操作简单、价格低廉、维护方便的适用信息技术产品,逐步实现重点领域的自主、安全、可控。推动农业信息技术创新联盟建设,搭建农业科技资源共享服务平台,提高农业信息化科研基础设施、科研数据、科研人才等资源的共享水平,实现跨区域、跨部门、跨学科协同创新。加快农业农村信息化技术标准体系建设,强化物联网、大数据、电子政务、信息服务等标准的制修订工作,为深入推进农业信息技术应用奠定基础。

(2)培育壮大农业信息化产业。构建以涉农企业、高校、科研院所为主体,以新型农业经营主体为纽带,面向广大农民的农业信息化产业联盟,推动科技创新与农业生产经营有效对接。积极探索农业农村信息化应用新机制、新模式,引导大型传感器制造商、物联网服务运营商、信息服务商等进入农业农村信息化领域,培育和壮大农业信息化产业。推动建立农业软件与农业电子产品质量检测机构,按照国家和行业标准规范,加强农业信息化软硬件产品市场监管,提供产品性能检测服务。加大试点示范力度,强化全国农业农村信息化示范基地和农业信息经济示范区建设,发布适宜推广的农业信息技术和产品目录,引导信息技术在农业生产、经营、管理、服务等领域的应用创新。

(3)加强农业农村信息化基础设施建设。加强农业农村信息化装备建设,不断提升农田水利基础设施、畜禽水产工厂化养殖、农产品加工贮运、农机装备等基础设施信息化水平,加快推进北斗系统在农业农村中的应用。推动智慧城小农业领域的试点示范,加强智慧农业生产、农产品冷链物流与电子商务、休闲农业等的信息化基础设施建设,充分发挥都市现代农业的生产、生活、生态功能。推动"宽带中国"战略在农村深入实施,对未通宽带行政村进行光纤覆盖,对已通宽带但接入能力低于 12Mbps 行政村进行光纤升级改造,边远地区、林牧区、海岛等区域根据条件采用移动蜂窝、卫星通信等多种方式实现覆盖,尽快落实农村地区网络降费政策,探索面向贫困户的网络资费优惠。

(四)农村基础设施建设支持主要政策

农田水利、耕地保育、农村饮水、能源、交通、电力等基础设施,是农业与相关产业融合发展的物质基础。近年来,中央日益重视农业基础建设。

1. 提供了投入持续稳定增长的长效政策保障

2006年颁布的《中华人民共和国国民经济和社会发展第十一个五年规划纲要》在关于"建设社会主义新农村"的战略部署中,明确提出:"调整国民收入分配格局,国家财政支出和预算内固定资产投资,要按照存量适度调整、增量重点倾斜的原则,不断增加对农业和农村的投入。扩大公共财政覆盖农村的范围,确保财政用于'三农'投入的增量高于上年,新增教育、卫生、文化财政支出主要用于农村,中央和地方各级政府基础设施建设投资的重点要放在农业和农村。"这不仅为现代农业发展提供了长效投入政策支持,也突出了农业基础设施和农村公共服务是两大重点建设领域。

2. 加大投资力度

近年来,中央财政不断增加"三农"投入,积极调整财政支出结构,确保了财政支农资金稳定增长。2012年,中央财政用于"三农"的支出合计12 387.64亿元,增长18%。其中,支持农业生产支出4 785.05亿元,占38.6%;对农民的粮食直补、农资综合补贴、良种补贴、农机购置补贴支出1 643亿元,占13.3%;促进农村教育、卫生等社会事业发展支出5 339.09亿元,占43.1%;农产品储备费用和利息等支出620.5亿元,占5%。

3. 优化投资结构

中央财政用于"三农"的支出主要用于改善农业生产条件、对

农民进行补贴、农村基本公共服务建设和农产品储备。2014年农业和农村基础设施建设预算投入4 576亿元,当年更是安排700多亿元加强以水利为重点的农业基础设施建设,支持引水调水、骨干水源、江河湖泊治理、高效节水灌溉等重点项目。政府"三农"投入的持续稳定增长,在交通、通信、电力等基础设施建设方面为农业发展提供了良好的硬件环境,在教育、医疗、文化、卫生等公共服务方面为农业发展创造了良好的软件环境。这不仅有利于充分调动农民,投资农业和发展农村经济,也有利于吸引工业、服务和高新技术产业领域的投资者进军农业,促进农业与相关产业融合。

4. 加强信贷支持

2015年,中国农业发展银行总行下发《关于调整优化农业农村基础设施建设贷款期限等信贷政策的通知》,对现行农业农村基础设施建设贷款担保政策进行适当调整优化。通知规定:一是调整优化农业农村基础设施建设贷款期限:水利建设贷款(含农村水电贷款)一般不超过20年,最长不超过30年;农村土地整治贷款一般不超过10年,最长不超过15年,须执行"卖地还贷"要求;农民集中住房(含农村危房改造)贷款最长不超过15年;棚户区改造贷款一般不超过20年,最长不超过25年;农村基础设施建设贷款最长不超过20年;农村路网贷款一般不超过20年,最长不超过30年;农业综合开发贷款一般不超过15年,最长不超过20年;县域城镇建设贷款(含整体城镇化建设项目贷款)最长不超过20年;特许经营项目贷款最长不超过30年;参加银团贷款的,可执行牵头行拟定的贷款期限政策。二是调整优化农村路网贷款区域准入政策,采用委托代建、政府授权公司自营模式,还款来源主要为省级以下财政资金的农村路网贷款,其所在区域最新年度本级公共财政预算收入和转移性收入(返还性收入、一般性转移支付收入和可用于项目建设的专项转移支付收入)合计应达到10亿元(含)以上,且本级公共预算收入达到7亿元(含)以上。

六、农村金融和财税基本政策

(一)农村金融

1. 农村金融体系

我国农村金融体系是以商业性金融、政策性金融和合作性金融为主,民间金融为辅,但它们之间的功能既有重叠,又有空缺,使得金融体系存在一定的缺陷,因此,需要重新定位和调整。

(1)以商业金融为主导,充分发展农村商业金融。加快推进中国农业银行股份制改革,继续促进农村经济发展。在尊重农村金融体系现实格局的前提下,应充分发挥农行在县域商业金融的基础作用。坚持农业银行的商业化改革方向,并通过改革进一步拓宽和增强农行的支农功能,巩固自身已取得的商业化改革成果,使其经营决策和金融服务贴近基层,贴近农村。

(2)逐步调整邮政储蓄银行的业务范围。随着邮储银行内部控制和风险管理能力的提高,可以发挥在农村的网点优势。可以考虑从以下渠道解决邮政储蓄资金部分返回农村使用的问题:一是通过邮储银行总行将邮储资金用于国家级大型涉农项目;二是在县一级邮储银行开办小额质押贷款、保证贷款、小企业联保贷款业务;三是开办担保公司担保类贷款;四是与农村信用社合作,开办协议存款业务。

(3)逐步健全农村政策金融。要改变目前农业发展银行只负责国家粮棉油收购贷款的格局,必须扩大其业务外延。进一步拓宽支农领域,逐步将支持重点由农产品流通领域转向农业生产领域。要严格界定政策性金融的业务边界,对农村的教育、卫生等有

六、农村金融和财税基本政策

社会效益但经济效益差的基础设施项目,需要财政的无偿投入;对农业开发等社会效益高而经济效益低但回收有保障的项目,需要财政有偿投入,这是政策性金融应给予支持的领域。

(4)调整并规范农村合作金融。坚持在自愿互利的基础上,按照通行的合作原则建立相互协作、互助互利的"合作性"资金融通机构,真正体现自愿性、互助共济性、民主管理性、非营利性。农村信用社要在坚持合作制改革基本方向的前提下,继续加大产权改革力度,完善法人治理结构。充分发挥农村信用社服务"三农"的主力军作用,进一步创新金融服务措施,推出更多的适合农民的、更为便捷的金融产品,满足农村对信贷资金的需求。

(5)规范和发展民间金融。与正规金融相比,民间借贷具有制度、信息、成本、速度上的优势。这些独特的优势,使民间借贷与正规金融形成了强烈的互补效应,成为我国金融体系中不可或缺的组成部分。但民间金融也会带来一系列负面影响,如缺乏法律约束、风险大、不稳定性、盲目性、非规范性等,国家要尽快制定《民间借贷法》等法律法规,明确其借贷最高额、利率,要求借贷双方向税务部门纳税、到公证机关进行公证,并对高额暴利行为予以打击、取缔,将这一传统的民间金融纳入法制化轨道。

此外,还应积极发展农业保险,发展农产品期货,建立农业生产风险规避机制等,从多方面共同建立一个与社会主义新农村建设相适应的农村金融体系。

2. 金融信贷服务

综合运用税收、奖补等政策,鼓励金融机构创新产品和服务,加大对新型农业经营主体、农村产业融合发展的信贷支持。建立健全全国农业信贷担保体系,确保对从事粮食生产和农业适度规模经营的新型农业经营主体的农业信贷担保余额不得低于总担保规模的70%。支持龙头企业为其带动的农户、家庭农场和农民合作社提供贷款担保。有条件的地方可建立市场化林权收储机构,

为林业生产贷款提供林权收储担保的机构给予风险补偿。稳步推进农村承包土地经营权和农民住房财产权抵押贷款试点,探索开展粮食生产规模经营主体营销贷款和大型农机具融资租赁试点,积极推动厂房、生产大棚、渔船、大型农机具、农田水利设施产权抵押贷款和生产订单、农业保单融资。鼓励发展新型农村合作金融,稳步扩大农民合作社内部信用合作试点。建立新型农业经营主体生产经营直报系统,点对点对接信贷、保险和补贴等服务,探索建立新型农业经营主体信用评价体系,对符合条件的灵活确定贷款期限,简化审批流程,对正常生产经营、信用等级高的可以实行贷款优先等措施。积极引导互联网金融、产业资本依法依规开展农村金融服务。

3. 专项资金补助

高效设施农业专项资金,重点补助新建、扩建高效农产品规模基地设施建设。

农业产业化龙头企业发展专项资金,重点补助农业产业化龙头企业及产业化扶贫龙头企业,对于扩大基地规模、实施技术改造、提高加工能力和水平给予适当奖励。

外向型农业专项资金,重点补助新建、扩建出口农产品基地建设及出口农产品品牌培育。

农业3项工程资金,包括农产品流通、农产品品牌和农业产业化工程的扶持资金,重点是基因库建设。

农产品质量建设资金,重点补助新认定的无公害农产品产地、全程质量控制项目及无公害农产品、绿色、有机食品获证奖励。

农民专业合作组织发展资金,重点补助"四有"农民专业合作经济组织,即依据有关规定注册,具有符合"民办、民管、民享"原则的农民合作组织章程;有比较规范的财务管理制度,符合民主管理决策等规范要求;有比较健全的服务网络,能有效地为合作组织成员提供农业专业服务;合作组织成员原则上不少于100户,同时,

六、农村金融和财税基本政策

具有一定产业基础。鼓励他们扩大生产规模、提高农产品初加工能力等。

海洋渔业开发资金。重点补助特色高效海洋渔业开发。

丘陵山区农业开发资金,重点补助丘陵地区农业结构调整和基础设施建设。

4. 财政贴息政策

财政贴息是政府提供的一种较为隐蔽的补贴形式,即政府代企业支付部分或全部贷款利息,其实质是向企业成本价格提供补贴。财政贴息是政府为支持特定领域或区域发展,根据国家宏观经济形势和政策目标,对承贷企业的银行贷款利息给予的补贴。政府将加快农村信用担保体系建设,以财政贴息政策等相关方式,解决种养业"贷款难"问题。为鼓励项目建设,政府在财政资金安排方面给予倾斜和大力扶持。农业财政贴息主要有两种方式:一是财政将贴息资金直接拨付给受益农业企业;二是财政将贴息资金拨付给贷款银行,由贷款银行以政策性优惠利率向农业企业提供贷款。为实施农业产业化提升行动,对于成长性好、带动力强的龙头企业给予财政贴息,支持龙头企业跨区域经营,促进优势产业集群发展。中央和地方财政增加农业产业化专项资金,支持龙头企业开展技术研发、节能减排和基地建设等。同时,探索采取建立担保基金、担保公司等方式,解决龙头企业融资难问题。此外,为配合各种补贴政策的实施,各个省和市同时出台了较多的惠农政策。

5. 小额贷款政策

为促进农业发展,帮助农民致富,金融部门把扶持"高产、优质、高效"农业、帮助农民增收项目作为重点,加大小额贷款支农力度。明确要求基层信用社必须把65%的新增贷款用于支持农业生产,支持面不低于农村总户数的25%,还对涉及小额信贷的致富项目,在原有贷款利率的基础上,下浮30%的贷款利率。

6. 财政支持建立全国农业信贷担保体系政策

2015年,财政部、农业部、银监会联合下发《关于财政支持建立农业信贷担保体系的指导意见》(财农〔2015〕121号),提出力争用3年时间建立健全具有中国特色、覆盖全国的农业信贷担保体系框架,为农业尤其是粮食适度规模经营的新型经营主体提供信贷担保服务,切实解决农业发展中的"融资难""融资贵"问题,支持新型经营主体做大做强,促进粮食稳定发展和农业现代化建设。

全国农业信贷担保体系主要包括国家农业信贷担保联盟、省级农业信贷担保机构和市、县农业信贷担保机构。中央财政利用粮食适度规模经营资金对地方建立农业信贷担保体系提供资金支持,并在政策上给予指导。财政出资建立的农业信贷担保机构必须坚持政策性、专注性和独立性,应优先满足从事粮食适度规模经营的各类新型经营主体的需要。对新型经营主体的农业信贷担保余额不得低于总担保规模的70%。在业务范围上,可以对新型经营主体开展粮食生产经营的信贷提供担保服务,包括基础设施、扩大和改进生产、引进新技术、市场开拓与品牌建设、土地长期租赁、流动资金等方面,还可以逐步向农业其他领域拓展,并向与农业直接相关的二、三产业延伸,促进农村一二三产业融合发展。

(二)农业保险

农业保险是指保险机构根据农业保险合同,对被保险人在种植业、林业、畜牧业和渔业生产中因保险标的遭受约定的自然灾害、意外事故、疫病、疾病等保险事故所造成的财产损失,承担赔偿保险金责任的保险活动。

农业保险主要包括下列类别。

1. 种植业保险、畜牧业保险、渔业保险和森林保险

按照农业生产的对象分,农业保险可以分为种植业保险、畜牧业保险、渔业保险和森林保险。种植业保险通俗来说就是农作物

保险,如水稻、小麦等。畜牧业保险主要保牲畜和家禽,渔业保险是为渔民量身打造的,森林保险就是"森林卫士"。

保险机构要贯彻《农业保险条例》,巩固种养殖业保险,大力发展农房、农机具、渔业、设施农业保险,积极开展地方支柱农业和区域优势品种保险试点,扩大重要"菜篮子"产品保险覆盖面。创新发展价格指数、天气指数、小额信贷保证保险等新型险种。加强涉农信贷与涉农保险的协作配合,将投保情况作为授信要素。

2. 能繁母猪的保险

不是所有能繁母猪都能上保险,前提条件是它打了专用耳标。耳标好比动物的"身份证",它是佩戴在动物耳部,用于记录标的畜龄、防疫等信息的标牌,以数字、二维码或者电子芯片的形式标记。另外,能繁母猪能否投保还可能受到母猪畜龄、存栏量、饲养圈舍卫生、健康状况、防疫记录等因素限制,具体以各地区的保险条款规定为准。

一般来说,投保人及其家庭成员、被保险人及其家庭成员、投保人或被保险人雇用人员的故意行为导致标的死亡,保险公司不予以赔付。

母猪因得传染病被强行扑杀,在保险期间内,由于发生保险条款列明的高传染性疫病,政府实施强制扑杀导致保险母猪死亡,保险公司也负责赔偿,但赔偿金额以保险金额扣减政府扑杀专项补贴金额的差额为限。

3. 农村劳动力意外伤害救灾保险

农村劳动力意外伤害保险是指居住在农村的无严重疾病和伤残的家庭劳动者因自然灾害或意外事故造成严重伤残或死亡时,由国家、集体和劳动者个人共同集资成立的救灾保险互济组织,按条款规定及时给付救助费或补助金的做法。其保险目的是通过国家、集体和个人共同筹集一定的救灾保险基金,用来保障农村劳动力伤残有医治、死亡有补偿的一种社会保险制度,以促进农村社会

安定和生产力发展。保险范围包括农村年满18~60周岁的无严重疾病或伤残的家庭劳动者。

保险责任，凡因下列原因导致家庭劳动力严重伤残、死亡时，救灾保险互济组织负责补偿或救助：一是水灾、火灾、风暴、雪冻、地震、冰雹、泥石流及雷击触电；二是爆炸、交通事故、中毒、猛兽袭击；三是固定物体倒塌、空中运行物撞击或机械事故；四是农村集体承保的生产队（组）负责人及农场主对所属单位的农工、合同工和受聘人员在保险期内负有因意外人身伤害享受补偿的责任。

由于下列原因导致在保劳动力严重伤残或死亡时，救灾保险组织不负保险或救助责任。一是长期或突发性疾病。二是被保人及其家庭人员、亲友的故意行为。三是打架、斗殴、酗酒或违章、违纪、违法、犯罪及不道德行为。四是战争或军事行为以及集会、游行、公共娱乐场所引起的伤害。

保险期限一般为1年，即自投保人交纳保费之日起，至期满日24时止。

4. 农业保险险种的财政补贴

农业保险有政策性农业保险和商业性农业保险之分。只有政策性农业保险才可以享受财政补贴。具体的政策性农业保险险种要依据地方的实际来确定，种类和范围在各地区都有所不同。比较常见的保费补贴品种有水稻、小麦、玉米、能繁母猪、奶牛、天然橡胶、森林等。

5. 涉农保险

涉农保险是指农业保险以外、为农民在农业生产生活中提供保险保障的保险，包括农房、农机具、渔船等财产保险，涉及农民的生命和身体等方面的短期意外伤害保险。保险机构经营有政策支持的涉农保险，参照适用《农业保险条例》的有关规定。

六、农村金融和财税基本政策

(三)农村税收

1. 企业所得税涉农优惠相关规定

依据《中华人民共和国企业所得税法》(以下简称《企业所得税法》)及《企业所得税法实施条例》的规定。对企业从事下列项目的所得,免征企业所得税:

①蔬菜、谷物、薯类、油料、豆类、棉花、麻类、糖料、水果、坚果的种植。

②农作物新品种的选育。

③中药材的种植。

④林木的培育和种植。

⑤牲畜、家禽的饲养。

⑥林产品的采集。

⑦灌溉、农产品初加工、兽医、农技推广、农机作业和维修等农、林、牧、渔服务业项目。

⑧远洋捕捞。

另外,新企业所得税法对企业从事下列项目的所得,减半征收企业所得税:

①花卉、茶以及其他饮料作物和香料作物的种植。

②海水养殖、内陆养殖。

2. 征免政策界限的划分

人们习惯上将从事农、林、牧、渔业项目的企业称之为农口企业。而企业从事农、林、牧、渔业项目的所得可以减免企业所得税,即将减免税对象定位于企业从事某些项目的所得,而不是企业。这样一来,即使企业的主业不在优惠范围之内,但其从事了税法规定的优惠项目,也可以享受相应的税收优惠。

《企业所得税法》及其实施条例明确规定,从事农、林、牧、渔业项目的所得可以减免企业所得税,财政部、国家税务总局发布的

乡村振兴之"三农"政策

《享受企业所得税优惠政策的农产品初加工范围(试行)》,进一步明确了农产品初加工范围,与新税法规定同步执行。具体包括企业从事蔬菜、谷物、薯类、油料、豆类、棉花、麻类、糖料、水果、坚果的种植,中药材的种植,林木的培育和种植,牲畜、家禽的饲养,农作物新品种的选育,林产品的采集,灌溉,农产品初加工、兽医、农技推广、农机作业和维修等农、林、牧、渔服务业项目,远洋捕捞项目的所得,免征企业所得税。企业从事花卉、茶以及其他饮料作物和香料作物的种植,海水养殖、内陆养殖项目的所得,减半征收企业所得税。

《企业所得税法》明确对没有列明的项目以及国家禁止和限制发展的项目,不得享受税法规定的涉农税收优惠。在农、林、牧、渔业项目中,有2类项目不得享受税法规定的企业所得税优惠:一是税法没有列明的农、林、牧、渔业项目,不得享受企业所得税的税收优惠。《国民经济行业分类》中列举了全部的农、林、牧、渔业项目,但税法只是根据国家有关扶持和鼓励政策,从其中挑选一些特别重要的部分给予减税和免税优惠,其他没有挑选列明的项目即不属于企业所得税的税收优惠范围。二是企业从事国家限制和禁止发展的项目,不得享受企业所得税优惠。国家限制和禁止发展的项目,发展和改革委员会等有关部门有专门的目录,一般分为鼓励类、限制类和禁止类。因此,对企业取得的各项收入应严格区分征免税项目,分开核算,分列填报,分别适用税收征免税政策规定。

3. 增值税涉农优惠支持

根据《中华人民共和国增值税暂行条例》制定的《中华人民共和国增值税暂行条例实施细则》,对农业方面的税收优惠政策在原有的基础上进行了重新明确。对农业生产者销售的自产农产品免征增值税。所称农业,是指种植业、养殖业、林业、牧业、水产业;农业生产者,包括从事农业生产的单位和个人。农产品,是指初级农产品,具体范围由财政部、国家税务总局确定。

六、农村金融和财税基本政策

《财政部、国家税务总局关于农民专业合作社有关税收政策的通知》规定,对依照《中华人民共和国农民专业合作社法》规定设立和登记的农民专业合作社销售本社成员生产的农业产品,视同农业生产者销售自产农业产品免征增值税;增值税一般纳税人从农民专业合作社购进的免税农业产品,可按13%的扣除率计算抵扣增值税进项税额;对农民专业合作社向本社成员销售的农膜、种子、种苗、化肥、农药、农机,免征增值税。

《财政部、国家税务总局关于有机肥产品免征增值税的通知》规定,纳税人生产销售和批发、零售有机肥产品(包括有机肥料、有机—无机复混肥料和生物有机肥)免征增值税。

4. 土地使用税与耕地占用税涉农优惠支持

《中华人民共和国耕地占用税暂行条例》第十四条第二款规定,建设直接为农业生产服务的生产设施"占用林地、牧草地、农田水利用地、养殖水面以及渔业水域滩涂等其他农用地建房或者从事非农业建设的",不征收耕地占用税。

《中华人民共和国城镇土地使用税暂行条例》(以下简称《城镇土地使用税暂行条例》)(国务院令第483号)规定,直接用于农、林、牧、渔业的生产用地免缴土地使用税。

国家税务总局《关于调整房产税和土地使用税具体征税范围解释规定的通知》规定,对农林牧渔业用地和农民居住用房屋及土地,不征收房产税和土地使用税。

《财政部、国家税务总局关于房产税、城镇土地使用税有关政策的通知》规定,在城镇土地使用税征收范围内经营采摘、观光农业的单位和个人,其直接用于采摘、观光的种植、养殖、饲养的土地,根据《城镇土地使用税暂行条例》第六条中"直接用于农、林、牧、渔业的生产用地"的规定,免征城镇土地使用税。在城镇土地使用税征收范围内,利用林场土地兴建度假村等休闲娱乐场所的,其经营、办公和生活用地,应按规定征收城镇土地使用税。

乡村振兴之"三农"政策

根据当前集体土地使用中出现的新情况、新问题,《财政部、国家税务总局关于集体土地城镇土地使用税有关政策的通知》规定,在城镇土地使用税征税范围内实际使用应税集体所有建设用地但未办理土地使用权流转手续的,由实际使用集体土地的单位和个人按规定缴纳城镇土地使用税。

七、新型农业经营主体发展政策

(一)家庭农场发展政策

农户家庭经营是我国现代农业经营体系的基础。2013年,中央1号文件首次提出要推动家庭农场发展。近年来,各级政府出台支持政策,加大资金投入,积极引导扶持农林牧渔等各类家庭农场发展,截至2019年底,全国家庭农场数量超过70万家,越来越多的农民家庭参与其中。家庭农场作为新型农业经营主体之一,在推动乡村振兴战略实施过程中发挥了重要作用。

1. 产业扶持政策

国家支持符合条件的家庭农场作为项目申报和实施主体参与涉农项目建设。采取以奖代补等方式,积极扶持家庭农场发展。鼓励家庭农场参与粮食生产功能区、重要农产品生产保护区、特色农产品优势区和现代农业产业园建设,参与高标准农田建设,促进集中连片经营。

2. 用地保障政策

家庭农场要提升集约化经营水平、提高经营效益,就需要加大对农场的持续投入,但前提是依法、有序地取得长期稳定、适度规模、集中成片的土地经营权。国家依法保障家庭农场土地经营权,鼓励土地经营权有序向家庭农场流转。推广使用统一土地流转合同示范文本。通过县乡两级土地流转服务平台,做好政策咨询、信息发布、价格评估、合同签订等服务工作。家庭农场通过流转取得的土地经营权,经承包方书面同意并向发包方备案,可以向金融机构融资担保。国家支持家庭农场发展设施农业,各地通过多种方

式对家庭农场建设仓储、晾晒场、保鲜库、农机库棚等设施用地进行支持。

家庭农场流转土地经营权时应注意以下事项：

(1)应积极利用当地村组集体的组织、协调和桥梁功能，最好通过村组集体签订土地经营权流转合同，尽量减少与单家独户农户谈判。

(2)一定要订立规范的书面土地经营权流转合同，合同年限以5年以上为宜。尽可能减少口头协议、无期限协议等，以免出现毁约情况。

(3)最好到县农村产权交易服务中心进行土地流转备案，纳入规范管理范围。

(4)有必要到县级农业农村(或林业和草原)行政部门申请土地经营权登记，进一步保障自己的合法权益。

3. 贷款支持和税收优惠

国家针对家庭农场有效抵押物不足等问题，拓宽抵押物范围，家庭农场可以向银行金融机构申请农机具抵押、温室大棚抵押、养殖圈舍抵押、农副产品抵押等抵押贷款。部分地区还进行了农村承包土地的经营权、农民住房财产权抵押贷款试点。国家鼓励地方政府开展县域农户、中小企业信用等级评价，构建线上线下相结合、"银保担"风险共担的普惠金融服务体系，还允许对符合条件的客户发放信用贷款，借款人可以通过个人良好的资质进行信用借款。此外，还对家庭农场贷款进行利息补贴，以解决家庭农场贷款贵的问题，如对家庭农场购买种子、化肥等实行低息贷款。

家庭农场生产经营活动按照规定享受相应的农业和小微企业减免税收政策。

4. 用水用电政策

用水方面，符合条件的家庭农场可享受农业用水精准补贴和节水奖励。用电方面，家庭农场在农业生产环节能享受农业生产

七、新型农业经营主体发展政策

用电价格,还可以在保鲜、仓储和初加工环节享受农业生产用电价格。符合条件的家庭农场,可向县级发展改革部门和供电部门提出申请。家庭农场架设生产、保鲜、仓储和初加工用的输电线路,增设变压器等输电基础设施,还可向县级经济和信息化部门从农村用电项目中申请扶持。

5. 家庭农场名录管理

为规范家庭农场管理,农业农村部开发了全国家庭农场名录系统,把符合条件的种养大户、专业大户等规模农业经营户和在市场监管部门注册登记的家庭农场信息纳入名录管理。通过完善家庭农场名录信息,逐步规范数据采集、示范评定、运行分析等工作,为家庭农场发展提供支持和服务。

6. 家庭农场示范

各地按照"自愿申报、择优推荐、逐级审核、动态管理"的原则,陆续开展示范家庭农场创建,引导家庭农场在发展适度规模经营、应用先进技术、实施标准化生产、纵向延伸农业产业链价值链以及带动小农户发展等方面发挥示范作用。

目前,示范性家庭农场评定主要分为省级、市级和县级,高一级的示范性家庭农场从低一级的示范性家庭农场中评定,层级不同,要求和标准不同,主要从家庭农场主农业生产经历及技能、家庭农场的规模和经营收入、家庭农场的生产经营设施设备、家庭农场的标准化生产程度以及家庭农场的品牌创建几个方面进行评定。具体可咨询当地农业农村主管部门。

(二)农民专业合作社发展政策

农民专业合作社是广大农民群众在家庭承包经营基础上自愿联合、民主管理的互助性经济组织,是实现小农户和现代农业发展有机衔接的中坚力量。为满足农民群众对合作联合的需求,不断增强农民专业合作社的经济实力、发展活力和带动能力,国家出台

了一系列扶持政策,对农民专业合作社发展提供指导服务。

1. 产业扶持政策

《中华人民共和国农民专业合作社法》规定,国家支持发展农业和农村经济的建设项目,可以委托和安排有条件的农民专业合作社实施。只要适合农民专业合作社承担的涉农项目,都应将农民专业合作社纳入申报范围,明确申报条件。国家鼓励有条件的农民专业合作社参与实施农村土地整治、高标准农田建设、农技推广、农业社会化服务、现代农业产业园等涉农项目。

(1)申报条件。农民专业合作社承担相关涉农项目应具备以下条件:

①经市场监管部门依法登记并取得农民专业合作社法人经营执照。

②有符合法律法规规定的组织机构、章程和财务管理等制度。

③经营状况和信用记录良好。

④符合有关涉农项目管理办法(指南)规定的各项条件。

(2)申报程序。符合条件的农民专业合作社可以按照政府有关部门项目指南的要求,向项目主管部门提出承担项目申请,经项目主管部门批准后实施。

(3)申报优势。一是合作社重点享受国家政策倾斜,国家各项惠农政策不断向农民专业合作社倾斜,而且相关部门充分考虑合作社的特殊情况,大幅简化合作社申报项目的材料要求,因此申报材料相对简单、编撰难度低。二是合作社拥有"对话政府"的权利。合作社项目申报间接拥有着与政府直接对话的权利。因为合作社直接代表农民群体,与政府的关系是指导、扶持和服务的关系,不是领导与被领导的关系。合作社主管部门以项目申报标准和要求指导合作社规范化、规模化发展,合作社通过项目申报向政府反映生产经营状况、社员合作关系、农民的基本诉求。

七、新型农业经营主体发展政策

2. 用地保障政策

农民专业合作社从事设施农业,其生产设施用地、附属设施用地、生产性配套辅助设施用地,符合国家有关规定的,按农用地管理。各地在安排土地利用年度计划时,加大对农民专业合作社的支持力度,保障其合理用地需求。国家鼓励支持农民专业合作社与农村集体经济组织合作,依法依规盘活现有农村集体建设用地发展产业。通过城乡建设用地增减挂钩节余的用地指标支持农民专业合作社开展生产经营。

3. 税收优惠政策

农民专业合作社享受国家规定的对农业生产、加工、流通、服务和其他涉农经济活动相应的税收优惠。增值税一般纳税人从农民专业合作社购进的免税农业产品,可按13%的扣除率计算抵扣增值税进项税额。农民专业合作社销售本社成员生产的农业产品,视同农业生产者销售自产农业产品,免征增值税;农民专业合作社向本社成员销售的农膜、种子、种苗、化肥、农药、农机,免征增值税。

4. 用电用水优惠政策

规模化生猪、蔬菜等生产的用水、用电与农业同价。农民专业合作社从事农产品初加工用电执行农业生产用电价格。电力部门对粮食烘干机械用电按农业生产用电价格从低执行的政策。

5. 金融支持政策

国家支持金融机构结合职能定位和业务范围,对农民专业合作社提供金融支持;鼓励商业性金融机构采取多种形式,为农民专业合作社及其成员提供金融服务。鼓励全国农业信贷担保体系创新开发适合农民专业合作社的担保产品,加大担保服务力度,着力解决农民专业合作社"融资难、融资贵"问题。开展中央财政对地方优势特色农产品保险奖补试点。鼓励各地探索开展产量保险、

农产品价格和收入保险等保险责任广、保障水平高的农业保险品种,满足农民专业合作社多层次、多样化风险保障需求。鼓励各地利用新型农业经营主体信息直报系统,点对点为农民专业合作社对接信贷、保险等服务。

6. 国家农民合作社示范社评定

为突出抓好农民专业合作社发展、促进农民专业合作社规范提升,近年来国家每两年组织评定一批国家农民合作社示范社。

(1)申报要求。申报主体应当遵守法律法规,原则上应是省级农民合作社示范社,并符合以下标准:

①依法登记设立。依照《中华人民共和国农民专业合作社法》登记设立,运行两年以上;有固定的办公场所和独立的银行账号;根据本社实际情况并参照农业农村部《农民专业合作社示范章程》《农民专业合作社联合社示范章程》,制订本社章程。

②实行民主管理。成员(代表)大会、理事会、监事会等组织机构健全,运转有效。依法设立成员代表大会的,成员代表人数一般为成员总人数的10%,最低人数为51人。有完善的财务管理、社务公开、议事决策记录等制度。每年至少召开一次成员大会并将所议事项的决定做成会议记录,所有出席成员在会议记录上签名。成员大会选举和表决实行一人一票制;采取一人一票制加附加表决权办法的,附加表决权总票数不超过本社成员基本表决权总票数的20%。

③财务管理规范。配备必要的会计人员,按照财政部制定的相关财务会计制度规定,设置会计账簿,编制会计报表,或委托有关代理记账机构代理记账、核算。财务会计人员不得兼任监事。农民用水合作组织制定明确的水费征收和使用管理制度,资金、经营管理规范,用水经费使用公开透明。成员账户健全,成员的出资额、公积金量化份额、与本社的交易量(额)和返还盈余等记录准确清楚。可分配盈余主要按照成员与本社的交易量(额)比例返还,

七、新型农业经营主体发展政策

返还总额不低于可分配盈余的60%。国家财政直接补助形成的财产平均量化到成员账户。

④经济实力较强。农民专业合作社成员出资总额100万元以上,联合社成员出资总额300万元以上。农民专业合作社固定资产:东部地区150万元以上,中部地区100万元以上,西部地区50万元以上。联合社固定资产:东部地区400万元以上,中部地区300万元以上,西部地区100万元以上。农民专业合作社年经营收入:东部地区400万元以上,中部地区300万元以上,西部地区150万元以上。联合社年经营收入:东部地区700万元以上,中部地区500万元以上,西部地区300万元以上。林业合作社以近两年经营收入的平均数计算年经营收入。农民用水合作组织规模:农民用水户达到100户以上,管理有效灌溉面积500亩以上。

⑤服务成效明显。坚持服务成员的宗旨,农民成员占成员总数的80%以上。从事一般种养业合作社成员数量达到100人以上,从事特色农林种养业、牧民合作社的成员数量可适当放宽。企业、事业单位和社会组织成员不超过成员总数的5%。联合社的成员社数量达到5个以上。农民用水合作组织在工程维护、分水配水、水费计收等方面成效明显,农业用水秩序良好。

⑥产品(服务)质量优。实行标准化生产(服务),有生产(服务)技术操作规程,建立农产品生产记录,采用现代信息技术手段采集、留存生产(服务)记录、购销记录等生产经营(服务)信息。严格执行农药使用安全间隔期、兽药休药期等规定,生产的农产品符合农产品质量安全强制性标准等有关要求。鼓励农民专业合作社建立农产品质量安全追溯和食用农产品合格证等制度。

⑦社会声誉良好。遵纪守法,社风清明,诚实守信,示范带动作用强。没有发生生产(质量)安全事故、生态破坏、环境污染、损害成员利益等严重事件,没有受到行业通报批评等造成不良社会影响,无不良信用记录,未涉及非法金融活动。按时报送年度报告

并进行公示,没有被列入经营异常名录。没有被有关部门列入失信名单。

(2)申报、评定流程。农民专业合作社向所在地的县级农业农村主管部门及其他业务主管部门提出书面申请。

县级农业农村主管部门会同水利、林业和草原、供销社等部门和单位,对申报材料进行真实性审查,征求发展改革、财政、税务、市场监管、银行保险监管、地方金融监管等部门意见,经地(市)级农业农村主管部门会同其他相关部门和单位复核,向省级农业农村主管部门推荐。

省级农业农村主管部门分别征求发展改革、财政、水利、税务、市场监管、银行保险监管、地方金融监管、林业和草原、供销社等部门和单位意见,并进行公示。经公示无异议的,根据国家农民合作社示范社分配名额,以省级农业农村主管部门文件向全国联席会议办公室等额推荐,并附审核意见和相关材料。

全国联席会议办公室组织工作组,对各地推荐的国家农民合作社示范社进行复核、评定。

(三)农业产业化联合体发展政策

2017年,中共中央办公厅、国务院办公厅联合印发《关于加快构建政策体系培育新型农业经营主体的意见》,提出促进各类新型农业经营主体融合发展,培育和发展农业产业化联合体,鼓励建立产业协会和产业联盟。围绕引导多元新型农业经营主体组建农业产业化联合体、促进农业产业化联合体发展,国家出台了如下相关政策。

1. 产业扶持政策

现有支持龙头企业、农民专业合作社、家庭农场发展的农村一二三产业融合、农业综合开发等相关项目资金,向农业产业化联合体内符合条件的新型农业经营主体适当倾斜。

2. 金融支持政策

采取财政贴息、融资担保、扩大抵质押物范围等综合措施，努力解决新型农业经营主体融资难题。国家鼓励银行、保险等金融机构开发符合农业产业化联合体需求的信贷产品、保险产品和服务模式。积极发展产业链金融，支持农业产业化联合体设立内部担保基金，放大银行贷款倍数。国家与金融机构共享农业产业化联合体名录信息，鼓励金融机构探索以龙头企业为依托，综合考虑农业产业化联合体财务状况、信用风险、资金实力等因素，合理确定联合体内各经营主体授信额度，实行随用随借、循环使用方式，满足新型农业经营主体差异化资金需求。鼓励龙头企业加入中国人民银行征信中心应收账款融资服务平台，支持新型农业经营主体开展应收账款融资业务。探索"订单+保险+期货"模式，支持符合条件的龙头企业上市、新三板挂牌和融资、发债融资。农业产业化龙头企业贷款利率原则上执行中国人民银行同期同档次基准利率，并允许根据市场情况适当上下浮动，比例一般不超过10%。

3. 用地保障政策

国家要求各地落实促进现代农业、新型农业经营主体、农产品加工业、休闲农业和乡村旅游等用地支持政策。指导开展村土地利用规划编制年度建设用地计划，优先支持龙头企业、农民专业合作社和家庭农场等新型农业经营主体，建设农业配套辅助设施、开展农产品加工和流通。对新型农业经营主体发展较快、用地集约且需求大的地区，适当增加年度新增建设用地指标。对于引领农业产业化联合体发展的龙头企业所需建设用地，优先安排、优先审批。

农业产业化联合体不是独立法人，各新型农业经营主体保持独立经营者地位，通过建立章程、签订合同协议，确立权责利联盟关系，在平等、自愿、互利基础上，开展一体化紧密型经营活动。

农业产业化联合体是适应我国农业发展新需求的产物，是由龙头企业、农民专业合作社、家庭农场和专业大户等新型农业经营主体以分工协作为前提,以规模经营为依托,以利益联结为纽带的一体化农业经营组织联盟,具有独立经营、联合发展、龙头带动、合理分工、要素融通、稳定合作、产业增值、农民受益等基本特征。国家鼓励并重点扶持主导产业突出、原料基地共建、资源要素共享、联农带农紧密的农业产业化联合体发展,从规模上分,可细分为以下3类:

①多主体参与、产业关联度高、辐射带动力强的大型产业化联合体;

②以产业园区为单元,园区内龙头企业与基地农民专业合作社和农户分工明确、优势互补、风险共担、利益共享的中型产业化联合体;

③以龙头企业为引领,农民专业合作社和家庭农场跟进,广大小农户参与,采取订单生产、股份合作的小型产业化联合体。

八、农村医疗和社会养老保险政策

(一)农村医疗保险政策

农村医疗保险制度建设要处理好普遍保障与分类实施之间的关系。普遍保障是指农村社会保障的对象范围,包括所有农村社会成员及他们所需要的社会保障的各个方面。

社会保险的科学机理是大多数人群分摊少数人群的风险,覆盖面越大,每个保障对象遭遇风险的概率越小,补偿越稳定,这就要求农村社会保障具有普遍性。

分类实施是指农村社会保障的主体、项目、资金筹集、管理方式、待遇标准等方面,要因地制宜、量力而行,在不同地区、不同时期有所侧重和区别。我国农村幅员广大,区域经济发展很不平衡,这是农村实施统一的全国范围的农村社会保障的客观障碍。同时,农民对社会保障的要求也不一样,因而必须从农村实际出发,不可搞"一刀切"。

1. 农村医疗保险补偿范围与标准

(1)门诊补偿。

①村卫生室及村中心卫生室就诊报销60%,每次就诊处方药费限额10元,卫生院医生临时补液处方药费限额50元。

②镇卫生院就诊报销40%,每次就诊各项检查费及手术费限额50元,处方药费限额100元。

③二级医院就诊报销30%,每次就诊各项检查费及手术费限额50元,处方药费限额200元。

④三级医院就诊报销20%,每次就诊各项检查费及手术费限

额 50 元,处方药费限额 200 元。

⑤中药发票附上处方每贴限额 1 元。

⑥镇级合作医疗门诊补偿年限额 5 000 元。

(2)住院补偿。

①报销范围。药费;辅助检查;心脑电图、X 光透视、拍片、化验、理疗、针灸、CT、核磁共振等各项检查费;手术费(报销范围和补偿标准应参照国家最新规定)。

60 周岁以上老人在镇卫生院住院,治疗费和护理费每天补偿 10 元,限额 200 元。

②报销比例。镇卫生院报销 60%;二级医院报销 40%;三级医院报销 30%。

(3)大病补偿。

镇风险基金补偿:凡参加合作医疗的住院病人一次性或全年累计应报医疗费超过 5 000 元以上分段补偿,即 5 001~10 000 元补偿 65%,10 001~18 000 元补偿 70%。

镇级合作医疗住院及尿毒症门诊血透、肿瘤门诊放疗和化疗补偿年限额 1.1 万元。

2. 不属农村合作医疗保险的报销范围

①自行就医(未指定医院就医或不办理转诊单)、自购药品、公费医疗规定不能报销的药品和不符合计划生育的医疗费用;

②门诊治疗费、出诊费、住院费、伙食费、陪客费、营养费、输血费(有家庭储血者除外,按有关规定报销)、冷暖气费、救护费、特别护理费等其他费用;

③车祸、打架、自杀、酗酒、工伤事故和医疗事故的医疗费用;

④矫形、整容、镶牙、假肢、脏器移植、点名手术费、会诊费等;

⑤报销范围内,限额以外部分。

3. 异地报销流程

①带患者身份证、两张一寸彩色照片、新农合医疗证到县合管

八、农村医疗和社会养老保险政策

办办理转诊备案手续。

②携带患者身份证、新农合医疗证和转诊备案手续到转诊医院就医,办理新农合住院手续。

③出院后,凭患者本人身份证(或户口本)、新农合医疗证、病历复印件、住院结算单(有的是发票形式的)、住院费用清单、转诊备案手续到合管办报销。

(二)新型农村社会养老保险

新型农村社会养老保险是以保障农村居民年老时的基本生活为目的,由政府组织实施的一项社会养老保险制度,是国家社会保险体系的重要组成部分。2009年推行的新型农村社会养老保险人们俗称"新农保",有个人缴费、集体补助和政府补贴3个筹资渠道,农民每月(55元)基础养老金由中央财政直接支出,每个参保农民在年满60周岁后就可直接按月领取。数千年来农民第一次有了自己的养老金。

1. 基本原则

新农保试点的基本原则是"保基本、广覆盖、有弹性、可持续"。一是从农村实际出发,低水平起步,筹资标准和待遇标准要与经济发展及各方面承受能力相适应;二是个人(家庭)、集体、政府合理分担责任,权利与义务相对应;三是政府主导和农民自愿相结合,引导农村居民普遍参保;四是中央确定基本原则和主要政策,地方制订具体办法,对参保居民实行属地管理。

2. 任务目标

探索建立个人缴费、集体补助、政府补贴相结合的新农保制度,实行社会统筹与个人账户相结合,与家庭养老、土地保障、社会救助等其他社会保障政策措施相配套,保障农村居民老年基本生活。2009年试点覆盖面为全国10%的县(市、区、镇),以后逐步扩大试点,在全国普遍实施,2020年之前基本实现对农村适龄居民的全覆盖。

3. 参保范围

年满16周岁(不含在校学生)、未参加城镇职工基本养老保险的农村居民,可以在户籍地自愿参加新农保。

4. 基金筹集

新农保基金由个人缴费、集体补助、政府补贴构成。

(1)个人缴费。参加新农保的农村居民应当按规定缴纳养老保险费。缴费标准设为每年100元、200元、300元、400元、500元5个档次,地方可以根据实际情况增设缴费档次。参保人自主选择档次缴费,多缴多得。国家依据农村居民人均纯收入增长等情况适时调整缴费档次。

(2)集体补助。有条件的村集体应当对参保人缴费给予补助,补助标准由村民委员会召开村民会议民主确定。鼓励其他经济组织、社会公益组织、个人为参保人缴费提供资助。

(3)政府补贴。政府对符合领取条件的参保人全额支付新农保基础养老金,其中中央财政对中西部地区按中央确定的基础养老金标准给予全额补助,对东部地区给予50%的补助。

地方政府应当对参保人缴费给予补贴,补贴标准不低于每人每年30元;对选择较高档次标准缴费的,可给予适当鼓励,具体标准和办法由省(区、市)人民政府确定。对农村重度残疾人等缴费困难群体,地方政府为其代缴部分或全部最低标准的养老保险费。

5. 建立个人账户

国家为每个新农保参保人建立终身记录的养老保险个人账户。个人缴费,集体补助及其他经济组织、社会公益组织、个人对参保人缴费的资助,地方政府对参保人的缴费补贴,全部记入个人账户。个人账户储存额每年参考中国人民银行公布的金融机构人

八、农村医疗和社会养老保险政策

民币一年期存款利率计息。

6. 养老金待遇

养老金待遇由基础养老金和个人账户养老金组成,支付终身。

中央确定的基础养老金标准为每人每月55元。地方政府可以根据实际情况提高基础养老金标准,对于长期缴费的农村居民,可适当加发基础养老金,提高和加发部分的资金由地方政府支出。

个人账户养老金的月计发标准为个人账户全部储存额除以139(与现行城镇职工基本养老保险个人账户养老金计发系数相同)。参保人死亡,个人账户中的资金余额,除政府补贴外,可以依法继承;政府补贴余额用于继续支付其他参保人的养老金。

7. 养老金待遇领取条件

年满60周岁、未享受城镇职工基本养老保险待遇的农村有户籍的老年人,可以按月领取养老金。

新农保制度实施时,已年满60周岁、未享受城镇职工基本养老保险待遇的,不用缴费,可以按月领取基础养老金,但其符合参保条件的子女应当参保缴费;距领取年龄不足15年的,应按年缴费,也允许补缴,累计缴费不超过15年;距领取年龄超过15年的,应按年缴费,累计缴费不少于15年。

要引导中青年农民积极参保、长期缴费,长缴多得。具体办法由省(区、市)人民政府规定。

8. 待遇调整

国家根据经济发展和物价变动等情况,适时调整全国新农保基础养老金的最低标准。

9. 基金管理

建立健全新农保基金财务会计制度。新农保基金纳入社会保

障基金财政专户,实行收支两条线管理,单独记账、核算,按有关规定实现保值增值。试点阶段,新农保基金暂实行县级管理,随着试点扩大和推开,逐步提高管理层次;有条件的地方也可直接实行省级管理。

10. 基金监督

各级人力资源社会保障部门要切实履行新农保基金的监管职责,制定完善新农保各项业务管理规章制度,规范业务程序,建立健全内控制度和基金稽核制度,对基金的筹集、上解、划拨、发放进行监控和定期检查,并定期披露新农保基金筹集和支付信息,做到公开透明,加强社会监督。财政、监察、审计部门按各自职责实施监督,严禁挤占挪用,确保基金安全。试点地区新农保经办机构和村民委员会每年在行政村范围内对村内参保人缴费和待遇领取资格进行公示,接受群众监督。

11. 经办管理服务

开展新农保试点的地区,要认真记录农村居民参保缴费和领取待遇情况,建立参保档案,长期妥善保存;建立全国统一的新农保信息管理系统,纳入社会保障信息管理系统("金保工程")建设,并与其他公民信息管理系统实现信息资源共享;要大力推行社会保障卡,方便参保人持卡缴费、领取待遇和查询本人参保信息。试点地区要按照精简效能原则,整合现有农村社会服务资源,加强新农保经办能力建设,运用现代管理方式和政府购买服务方式,降低行政成本,提高工作效率。新农保工作经费纳入同级财政预算,不得从新农保基金中开支。

12. 相关制度衔接

原来已开展以个人缴费为主、完全个人账户农村社会养老保险(以下称老农保)的地区,要在妥善处理老农保基金债权问题的基础上,做好与新农保制度衔接。在新农保试点地区,凡已参加了

八、农村医疗和社会养老保险政策

老农保、年满 60 周岁且已领取老农保养老金的参保人,可直接享受新农保基础养老金;对已参加老农保、未满 60 周岁且没有领取养老金的参保人,应将老农保个人账户资金并入新农保个人账户,按新农保的缴费标准继续缴费,待符合规定条件时享受相应待遇。

新农保与城镇职工基本养老保险等其他养老保险制度的衔接办法,由人力资源社会保障部会同财政部制定。要妥善做好新农保制度与被征地农民社会保障、水库移民后期扶持政策、农村计划生育家庭奖励扶助政策、农村五保供养、社会优抚、农村最低生活保障制度等政策制度的配套衔接工作,具体办法由人力资源社会保障部、财政部会同有关部门研究制订。

13. 加强组织领导

国务院成立新农保试点工作领导小组,研究制订相关政策并督促检查政策的落实情况,总结评估试点工作,协调解决试点工作中出现的问题。

地方各级人民政府要充分认识开展新农保试点工作的重大意义,将其列入当地经济社会发展规划和年度目标管理考核体系,切实加强组织领导。各级人力资源社会保障部门要切实履行新农保工作行政主管部门的职责,会同有关部门做好新农保的统筹规划、政策制定、统一管理、综合协调等工作。试点地区也要成立试点工作领导小组,负责本地区试点工作。

14. 制定具体办法和试点实施方案

省(区、市)人民政府要根据本指导意见,结合本地区实际情况,制定试点具体办法,并报国务院新农保试点工作领导小组备案;要在充分调研、多方论证、周密测算的基础上,提出切实可行的试点实施方案,按要求选择试点地区,报国务院新农保试点工作领导小组审定。试点县(市、区、旗)的试点实施方案由各省(区、市)人民政府批准后实施,并报国务院新农保试点工作领导小组备案。

15. 做好舆论宣传工作

建立新农保制度是深入贯彻落实科学发展观、加快建设覆盖城乡居民社会保障体系的重大决策,是应对国际金融危机、扩大国内消费需求的重大举措,是逐步缩小城乡差距、改变城乡二元结构、推进基本公共服务均等化的重要基础性工程,是实现广大农村居民老有所养、促进家庭和谐、增加农民收入的重大惠民政策。

各地区和有关部门要坚持正确的舆论导向,运用通俗易懂的宣传方式,加强对试点工作重要意义、基本原则和各项政策的宣传,使这项惠民政策深入人心,引导适龄农民积极参保。

各地要注意研究试点过程中出现的新情况、新问题,积极探索和总结解决新问题的办法和经验,妥善处理改革、发展和稳定的关系,把好事办好。重要情况要及时向国务院新农保试点工作领导小组报告。

九、农业防灾减灾政策

农业是弱势产业,受自然风险和经济风险双重威胁。构筑农业生产经营的"防火墙",可以给农民群众吃上一颗"定心丸"。随着农业防灾减灾意识的强化、知识的普及,越来越多的农民特别是种养大户、家庭农场、农民专业合作社等新型农业经营主体对依靠农业保险等风险防范措施化解农业风险的需求愈发强烈。我国在农业防灾减灾方面出台了农业保险政策、农业生产救灾政策以及动物疫病防控政策,构成了农业生产的"安全网"。

(一)农业保险政策

农业保险在推进现代农业发展、促进乡村产业振兴、改进农村社会治理、保障农民收益等方面是分散农业生产经营风险的重要手段。为促进农业保险持续健康发展,完善农村金融服务体系,国家在全国范围内建立健全农业保险制度。同时,为了加强中央财政农业保险保险费补贴资金管理,更好服务"三农",2016年财政部出台了《中央财政农业保险保险费补贴管理办法》,标志着我国农业保险进入规范化、法制化发展的新阶段。

1. 农业保险支持的种类

目前,中央财政提供农业保险保险费补贴的种类包括种植业、养殖业、森林等三大类,覆盖玉米、水稻、小麦、棉花、马铃薯、油料作物、糖料作物、能繁母猪、奶牛、育肥猪、森林、青稞、牦牛、藏系羊、天然橡胶、三大粮食作物制种共16个品种。地方财政支持开

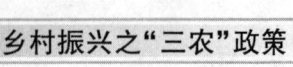
乡村振兴之"三农"政策

展的特色农产品保险品种超过 200 个。以下重点介绍中央财政农业保险保险费补贴情况。

2. 农业保险支持的范围

种植业保险主险的保险责任包括但不限于暴雨、洪水（政府行蓄洪除外）、内涝、风灾、雹灾、冻灾、旱灾、地震等自然灾害，泥石流、山体滑坡等意外事故，以及病虫草鼠害等。养殖业保险主险的保险责任包括但不限于主要疾病和疫病、自然灾害[暴雨、洪水（政府行蓄洪除外）、风灾、雷击、地震、冰雹、冻灾]、意外事故（泥石流、山体滑坡、火灾、爆炸、建筑物倒塌、空中运行物体坠落）、政府扑杀等。当发生高传染性疫病政府实施强制扑杀时，保险公司对投保农户进行赔偿，并从赔偿金额中相应扣减政府扑杀专项补贴金额。

3. 中央财政补贴险种标的

（1）种植业。玉米、水稻、小麦、棉花、马铃薯、油料作物、糖料作物。

（2）养殖业。能繁母猪、奶牛、育肥猪。

（3）森林。已基本完成林权制度改革、产权明晰、生产和管理正常的公益林和商品林。

（4）其他品种。青稞、牦牛、藏系羊（以下简称藏区品种）、天然橡胶，以及财政部根据党中央、国务院要求确定的其他品种。

4. 农业保险保险费补贴的额度

政策性农业保险的保险费补贴责任由中央财政和省级财政共同承担，对不同领域有不同补贴力度。中央财政和省级及省级以下财政对农业保险保险费补贴的责任分担情况见表9-1。

表 9-1　农业保险保险费补贴额度

保险种类	补贴地区或单位	中央财政补贴占比	省级及省级以下财政补贴占比
种植业保险	中西部地区	40%	省级财政至少 25%
	东部地区	35%	省级财政至少 25%
	新疆生产建设兵团、中央直属垦区、中国储备粮管理总公司、中国农业发展集团有限公司	65%	
养殖业保险	中西部地区	50%	省级及省级以下财政至少 30%
	东部地区	40%	省级及省级以下财政至少 30%
	新疆生产建设兵团、中央直属垦区、中国储备粮管理总公司、中国农业发展集团有限公司	80%	
森林保险	相关种植区	30%(商品林)	省级及省级以下财政至少 25%
		50%(公益林)	省级及省级以下财政至少 40%
	大兴安岭林业集团公司	90%(公益林)	
		55%(商品林)	
藏区品种、天然橡胶保险	相关种植、养殖区	40%	省级财政至少 25%
	新疆生产建设兵团、中央直属垦区、中国储备粮管理总公司、中国农业发展集团有限公司	65%	

5. 如何购买农业保险

目前有两种形式,即以村为单位统一投保和农户自行投保。

(1)在农户自愿的基础上,以村为单位统一投保,投保单位与承保单位签订保险合同(附参保农户投保明细单,同时提供投保农户身份证号及"一卡通"或"一折通"账号)。

(2)村里没有统一投保的,投保农户与承保单位签订保险合同。投保农户要及时缴纳应承担的保险费,若投保农户不缴费,财政不补贴。

农业经济组织投保时需注意以下事项:

确保知情权。在投保前,首先要了解所投保农产品是政策性保险范畴还是商业性保险范畴,以及国家保险费补贴标准,以评估投保风险和自身能承受的保险费额度支出。其次是对投保单上的重要提示和保险条款,特别是保险责任、责任免除、被保险人义务等要了然于心。保险公司有义务在投保单、保险单上作出提示,并向投保人说明投保险种的保险责任、责任免除、合同双方权利义务、理赔标准和方式等条款重要内容。

投保信息完整。农业经济组织作为一个单独法人投保的,须提供法人营业执照、法定代表人身份证等证件原件及复印件,以及住所地、联系人、联系方式等信息。组织农户投保的,须提供分户信息,包括组织投保的农业经济组织的名称、联系人、联系方式,以及被组织投保的每个农户的姓名、身份证号、联系方式、居住地址等信息,并由农业经济组织盖章确认。

6. 农业保险理赔流程

具体流程如图 9-1 所示。

第一步,报案。在合同期内发生了灾害,应第一时间向保险公司报案。同时要注意保护好受灾现场,未经保险公司允许,不能随意对灾害现场进行处理。

第二步,查勘定损。保险公司将在接到报案后 24 小时内进行

九、农业防灾减灾政策

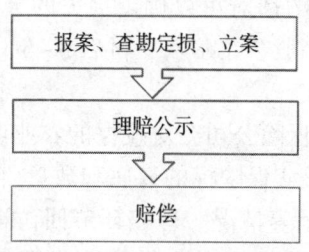

图 9-1　农业保险理赔流程

现场查勘,因不可抗力或重大灾害等原因难以及时到达的,会及时与报案人联系并说明原因。对集体投保的种植业保险,保险公司会查勘到村、定损到户,并采取抽样或其他方式核定损失程度。查勘结束后,保险公司会及时核定损失。种植业保险发生保险事故造成绝收的,在接到报案后 20 日内完成损失核定;发生保险事故造成部分损失的,在农作物收获后 20 日内完成损失核定。养殖业保险在接到报案后 3 日内完成损失核定。发生重大灾害、大范围疫情以及其他特殊情形的除外。

第三步,立案。保险公司在确认保险责任后,会及时立案处理。对不属于保险责任的,保险公司会在核定之日起 3 日内向被保险人发出拒赔通知书,并进行解释说明。

第四步,理赔公示。农业经济组织组织农户投保种植业保险的,保险公司会将查勘定损结果、理赔结果在农业经济组织公共区域进行不少于 3 日的公示,并根据公示反馈结果制作分户理赔清单,列明被保险人姓名、身份证号、银行账号和赔款金额,由被保险人或其直系亲属签字确认。农户提出异议的,保险公司会进行调查核实,据实调整,并将结果反馈。

第五步,赔偿。保险合同对赔偿保险金的期限有约定的,保险公司将按照约定在规定时间内履行赔偿义务,原则上保险公司应在与被保险人达成赔偿协议后 10 日内支付赔款。对受灾面积大、社会影响大的赔案,保险责任已经明确,但一时难以确定最终损失金额的，保险公司会酌情对可以确定损失的金额按照法律规定先予赔付。保险公司一般会在赔款支付后3~5日内通过短信、电话等方式通知被保险人。

第六步，回访。保险公司会对投保的农业经济组织进行回访。承保环节回访主要核实保险标的权属和数量、自缴保险费、告知义务履行以及承保公示等情况。理赔环节回访重点核实受灾品种、损失情况、查勘定损过程、赔款支付、理赔公示等情况。

国家规定，农业保险提供机构对种植业保险及能繁母猪、生猪、奶牛等按头（只）保险的大牲畜保险条款中不得设置绝对免赔额。绝对免赔额是指保险合同中规定的保险人对约定数额以下的损失绝对不承担赔偿责任的免赔限额。在保险标的发生损失时，必须超过一定金额或比率，保险人才对超过部分承担赔偿责任，损失在规定限额以下的，保险人不予赔偿。例如买了小麦保险，最高赔偿额是300元/亩，保险公司设置的绝对免赔额是30元/亩，如果发生了灾害，损失在30元/亩以内，保险公司不予赔偿。损失在每亩30元以上300元以下，保险公司才会赔偿。取消绝对免赔额设置后，意味着花同样的保险费，能得到更高的赔偿。

7. 保险争议处理

农户或农业生产经营组织与农业保险经办机构因保险事宜发生争议，可通过自行协商解决，也可向当地政策性农业保险工作机构或政府申请调解；如调解无法达成一致，可申请仲裁或向当地人民法院提起诉讼。

8. 政策补充

（1）产粮大县三大粮食作物农业保险保险费补贴。在上述补贴政策基础上，中央财政对产粮大县水稻、玉米、小麦等三大粮食作物保险进一步加大支持力度。2016年起，提高产粮大县三大粮食作物农业保险保险费补贴比例，中央财政对中西部、东部地区的补贴比例由之前的40%、35%逐步提高到47.5%、42.5%。

九、农业防灾减灾政策

(2)农业大灾保险试点。2017年起,国家在河北、内蒙古、辽宁、吉林、黑龙江、江苏、安徽、江西、山东、河南、湖北、湖南、四川13个粮食主产省份的200个产粮大县开展农业大灾保险试点。在三大主粮基本保障金额覆盖直接物化成本的基础上,开发面向适度规模经营农户的专属大灾保险产品,保障水平覆盖"直接物化成本+地租"。2019年,国家进一步将农业大灾保险试点实施区域扩大到13个粮食主产省份的500个产粮大县。

(3)三大粮食作物制种农业保险保险费补贴。农户、种子生产合作社和种子企业等开展的符合规定的三大粮食作物制种,对其投保农业保险应缴纳的保险费,纳入中央财政农业保险保险费补贴目录,补贴比例执行《中央财政农业保险保险费补贴管理办法》关于种植业有关规定。符合规定的三大粮食作物制种,指符合《中华人民共和国种子法》规定,按种子生产经营许可证规定或经当地农业农村部门备案开展的水稻、玉米、小麦制种,包括扩繁和商品化生产等种子生产环节。

(4)三大粮食作物完全成本保险和收入保险试点。2018年起,国家在内蒙古、辽宁、安徽、湖北、山东、河南等6个省(自治区)各选择4个产粮大县,面向包括规模经营农户和小农户在内的全体农户,开展三大粮食作物完全成本保险和收入保险试点。完全成本保险即保险金额覆盖物质与服务费用、人工成本和土地成本等农业生产总成本的农业保险。收入保险即保险金额体现农产品价格和产量,覆盖农业生产产值的农业保险。

(5)地方优势特色农产品保险奖补试点。为进一步完善农业保险制度,支持地方优势特色农产品保险发展,自2019年起,国家在内蒙古、山东、湖北、湖南、广西、海南、贵州、陕西、甘肃、新疆等10个省(自治区)开展试点,中央财政对试点省份地方优势特色农产品保险进行奖补,各试点省份申请奖补的保险标的或保险产品不超过两种。对纳入试点范围的地方优势特色农产品保险保费,在省级及省级以下财政至少补贴35%的基础上,中央财政对中西部地区补贴30%,对东部地区补贴25%。

(二)动物疫病防控政策

动物疫病防控事关养殖业生产安全、动物源性食品安全、公共卫生安全和生态安全。近年来,国家相继出台了一系列支持动物疫病防控的政策,有效保障了重大动物疫病防控工作,以相对较低的经济成本取得了较好的防控成效。

目前动物疫病防控支持政策主要包括强制免疫补助、强制扑杀补助、养殖环节无害化处理补助3项内容。国家建立强制免疫和强制扑杀补助病种动态调整机制。根据动物疫病防控需要,农业农村部、财政部依法适时将国家优先防治的重要动物疫病、影响重大的新发传染病和人畜共患病纳入国家强制免疫和强制扑杀财政补助范围。各省(自治区、直辖市)根据动物疫病防控需要增加强制免疫和强制扑杀补助病种。

1. 强制免疫补助

主要用于开展口蹄疫、高致病性禽流感、小反刍兽疫、布鲁菌病、棘球蚴病(又称包虫病)等动物疫病强制免疫疫苗(驱虫药物)采购、储存、注射(投喂)和免疫效果监测评价、人员防护等相关防控工作,以及对实施和购买动物防疫服务等予以补助。

(1)补助畜禽种类。

口蹄疫:猪、牛、羊、骆驼和鹿等偶蹄动物。

高致病性禽流感:鸡、鸭、鹅、鸽子、鹌鹑等家禽。

小反刍兽疫:羊。

布鲁菌病、棘球蚴病:牛、羊等。

(2)补助范围。

口蹄疫、高致病性禽流感、小反刍兽疫:全国(按要求申请不免疫的除外)。

九、农业防灾减灾政策

布鲁菌病：布鲁菌病一类地区，目前包括北京、天津、河北、山西、内蒙古、辽宁、吉林、黑龙江、山东、河南、陕西、甘肃、青海、宁夏、新疆和新疆生产建设兵团。

棘球蚴病：棘球蚴病疫区，目前包括内蒙古、四川、西藏、甘肃、青海、宁夏、新疆和新疆生产建设兵团。

（3）经费拨付与使用。中央财政对东中西部地区疫苗经费采取差别化补助政策，补助资金向中西部适当倾斜。对国家确定的强制免疫病种，中央财政统一疫苗补助比例，按照国家统计局公布的畜禽统计数量和疫苗补助标准等因素测算中央财政强制免疫补助规模，切块下达各省级财政，对重大动物疫病强制免疫疫苗经费、免疫效果监测评价和人员防护等相关防控工作予以补助。各省级财政根据疫苗实际招标价格和需求数量，结合中央财政安排的疫苗补助资金，据实安排省级财政补助资金。原中央财政安排的基层动物防疫工作补助经费调整为动物防疫补助，对组织落实强制免疫政策、实施强制免疫计划、购买防疫服务等予以补助。

强制免疫疫苗集中招标采购由省级兽医主管部门会同财政部门组织。为促进畜禽养殖经营者落实强制免疫主体责任，对符合条件的养殖场（户）实行强制免疫"先打后补"的补助方式，养殖场（户）自主采购、财政直补。养殖场（户）可根据疫苗使用和效果监测情况，自行选择国家批准使用的相关动物疫病疫苗。地方财政部门根据养殖场（户）的畜禽统计数量、免疫效果监测评价和产地检疫等情况，发放补助资金。对目前暂不符合条件的养殖场（户），实施省级疫苗集中招标采购，以政府购买服务等形式实施强制免疫。

强制免疫疫苗的费用由国家支付，无须养殖场（户）支付费用，而且是国家强制免疫，相关疫苗必须要打。

2. 强制扑杀补助

国家在预防、控制和扑灭动物疫病过程中，对被强制扑杀动物

的养殖者给予补偿。目前纳入强制扑杀中央财政补助范围的疫病种类包括口蹄疫、高致病性禽流感、H7N9型禽流感、小反刍兽疫、布鲁菌病、结核病、棘球蚴病、马鼻疽、马传染性贫血和非洲猪瘟。强制扑杀补助经费由中央财政和地方财政共同承担。

(1)补助畜禽种类。

口蹄疫：猪、牛、羊等。

高致病性禽流感、H7N9型禽流感：鸡、鸭、鹅、鸽子、鹌鹑等家禽。

小反刍兽疫：羊。

布鲁菌病、结核病和棘球蚴病：牛、羊等。

马鼻疽、马传染性贫血：马等。

非洲猪瘟：猪。

(2)补助经费测算。强制扑杀中央财政补助经费根据实际扑杀畜禽数量、补助测算标准和中央财政补助比例测算。国家会根据养殖成本和畜禽市场价格变化情况,适当调整强制扑杀补助标准。

目前的扑杀补助平均测算标准为禽15元/羽、猪800元/头、奶牛6 000元/头、肉牛3 000元/头、羊500元/只、马12 000元/匹,其他畜禽补助测算标准参照执行。各省份根据畜禽大小、品种等因素细化补助测算标准。

2018年9月起,为支持各地做好非洲猪瘟强制扑杀以及疫情检疫、运输车辆监管等相关工作,有效落实非洲猪瘟防控相关政策,国家将非洲猪瘟纳入强制扑杀补助范围。中央财政对非洲猪瘟疫情划定的疫点疫区范围内扑杀的生猪,或检测阳性的养殖场(户)、屠宰厂扑杀的生猪(包括已屠宰的同批次生猪)给予补助,补助标准暂按照1 200元/头执行(含人工饲养野猪)。

中央财政对包括北京、上海、江苏、浙江、福建、山东、广东、宁波、厦门、青岛、深圳在内的东部地区补助比例为40%;对包括天

九、农业防灾减灾政策

津、河北、山西、辽宁、吉林、黑龙江、安徽、江西、河南、湖北(不含恩施土家族苗族自治州)、湖南(不含湘西土家族苗族自治州)、海南等在内的中部地区补助比例为60%;对包括内蒙古、广西、重庆、四川、贵州、云南、西藏、陕西、甘肃、青海、宁夏、新疆、湖北恩施土家族苗族自治州、湖南湘西土家族苗族自治州在内的西部地区补助比例为80%;对新疆生产建设兵团和中央直属垦区的补助比例为100%。

(3)补助经费申请。每年3月15日前,各省(自治区、直辖市)兽医主管部门会同财政部门向农业农村部、财政部报送上一年度3月1日至当年2月28日(29日)期间中央财政强制扑杀实施情况,应详细说明强制扑杀畜禽的品种、数量、时间、地点以及各级财政补助经费的测算。

3. 养殖环节无害化处理补助

中央财政根据生猪饲养量和合理的生猪病死率、实际处理率测算各省(自治区、直辖市)无害化处理补助经费,包干下达各省级财政部门,主要用于养殖环节病死猪无害化处理支出。各省(自治区、直辖市)根据《国务院办公厅关于建立病死畜禽无害化处理机制的意见》有关要求做好养殖环节无害化处理工作,并按照"谁处理、补给谁"的原则,对病死畜禽收集、转运、无害化处理等环节的实施者予以补助。也就是说,从事生猪饲养的散养户、养殖场,无害化处理场等单位,严格按照无害化处理规范处置病死猪的,均可享受补贴,一般每头病死猪给予70~80元的补贴。

国家要求,中央和省级财政资金下达后,市县财政应在3个月内将补助资金给付到位,并采取定期结算等方式及时发放补助。

从事畜禽饲养、屠宰、经营、运输的单位和个人是病死畜禽无害化处理的第一责任人,负有对病死畜禽及时进行无害化处理并向当地畜牧兽医部门报告畜禽死亡及处理情况的义务。

无害化处理场作为承担病死畜禽无害化处理任务的经营主

体,应认真执行疫病防控、环境保护、食品安全等法律法规,如实报告病死畜禽收集和处理情况,提高收集、暂存、运输、处理设施建设标准,强化运输车辆清洗消毒,确保符合动物防疫和环境保护要求。从事畜禽经营、运输的单位和个人应当委托就近的病死畜禽无害化处理场对经营、运输过程中的病死畜禽进行处理,所需费用由货主承担。

(三)农业生产救灾政策

为了增强农业防灾抗灾能力,减少农业灾害损失,国家安排农业生产救灾资金,用于农业防灾救灾。

1. 什么是农业灾害

农业灾害指对农、牧、渔业生产构成严重威胁、危害和造成重大损失的农业自然灾害和农业生物灾害。

(1)农业自然灾害。主要包括干旱、洪涝、高温热害、干热风、低温冷害、冻害、雪灾、地震、滑坡、泥石流、风雹、龙卷风、台风、风暴潮、寒潮、海冰等。

(2)农业生物灾害。主要包括农作物病虫害、植物疫情、赤潮等。

2. 农业生产救灾资金补助对象

农业生产救灾资金补助对象是承担农业灾害预防和控制任务的,遭受农业灾害并造成损失的农业生产者。主要包括农户、直接从事农业生产的专业合作组织及相关企业、事业单位。

3. 农业生产救灾资金补助标准

农业生产救灾资金主要按照因素法分配。

农业自然灾害主要根据受灾农作物种植面积、受灾畜禽数量、饲草料缺口、受灾水产养殖面积及产量、农牧渔业生产设施损毁情况等确定补助标准,农作物受灾根据受灾轻重程度,按受灾每亩

九、农业防灾减灾政策

5~10元、成灾每亩10~20元、绝收每亩20~50元测算,畜禽和水产养殖受灾根据灾情程度和因灾损失给予适当补助。

农业生物灾害主要根据农作物病虫害防治任务按每亩次补助10~20元测算,植物疫情、赤潮防控按每亩补助50~100元测算。

在测算基础上,由财政部会同农业农村部根据党中央、国务院部署和中央领导同志指示批示,结合灾情实际情况适当调整、统筹确定救灾资金具体额度。

地方在重大灾害发生前加大防灾资金投入,以及灾后资金投入。

4. 农业生产救灾资金使用范围

农业生产救灾并不只是发放资金补助,还要对受灾群众进行技术指导、培训,发放药剂、药械等物资材料也都纳入农业生产救灾资金使用范围。农业生产救灾资金具体使用范围如下。

(1)自然灾害救灾及恢复农业生产所需的物资材料及服务补助,包括购买燃油、肥料、种子(植物种苗、种畜、种禽、水产种苗)、农膜、农药、兽药、饲草料、植物生长调节剂、进排水设施设备、小型牧道铲雪机具,以及农业生产和畜牧水产养殖设施修复,必要的技术指导培训费、农田沟渠疏浚费、农机检修费及作业费、渔船渔民防灾避险管理费、渔港航标等渔业生产设施设备维护及港池疏浚费用等,牧区抗灾保畜所需的储草棚(库)、牲畜暖棚(圈)等生产设施和购买、调运饲草料补助等。

(2)生物灾害救灾及恢复农业生产所需的物资材料及服务补助,包括购买药剂、药械、燃油、肥料、种子(植物种苗、种畜、种禽、水产种苗),应用生物防治、综合防治、生态控制技术,修复诱虫灯等监控设施器械及调运、检疫处理、技术指导培训等费用。

农业生产救灾资金不得用于修建楼堂馆所、弥补预算支出缺口等与农业生产救灾无关的支出。

5. 农业生产救灾资金的管理

根据救灾资金预算规模,财政部商农业农村部确定用于农业生产救灾支出方向控制额度,并根据灾情统筹安排。救灾资金由财政部和农业农村部共同管理。财政部负责救灾资金中期财政规划和年度预算编制,会同农业农村部下达资金预算,开展救灾资金绩效管理,对资金使用和绩效情况进行监督;农业农村部负责协助编制中期财政规划,提出救灾资金分配建议,指导救灾资金使用,会同财政部开展绩效目标制定、绩效监控和评价等绩效管理工作。

每个省份会根据自身当年实际,出台年度农业生产救灾项目实施方案、细则等。例如,2020年甘肃省农业生产灾害防控主要覆盖以关中及陕南小麦条锈病为重点、关中东部及陕北农区蝗虫为重点的常发、重发区域;全省玉米、水稻及秋杂粮主产区的草地贪夜蛾发生区域。其中,小麦重大病虫防控主要用于所需的物资材料补助,包括购买药剂、药械、燃油及应急防治、统防统治、生态控制技术应用费、技术指导费、作业费、培训费、有毒有害补助;条锈病、赤霉病、茎基腐病等重大病害流行规律研究等补助(含早春条锈病应急防控专业化统防统治)。农区蝗虫防控主要用于监测预警、预防控制、统防统治和应急防控补助。省农垦地处黄河、渭河和洛河交汇的东亚飞蝗滋生区,主要用于蝗虫监测及应急防控。草地贪夜蛾防控主要用于监测预警设备购置(在玉米主产县区重点村庄配备一套性诱捕器);应急防控、统防统治服务和引领群防群治;防控技术宣传、培训指导等。具体实施方式为市级植保机构协调落实,县级组织实施。采取政府购买服务的方式,依托专业化服务组织,利用新型高效施药器械、新型药剂及生防产品开展统防统治。测算标准为小麦条锈病等重大病虫、蝗虫和草地贪夜蛾防控,按照政府购买服务的方式,承担开展应急防控和专业化统防统治任务的专业化服务组织,作业费用每亩不超过20元(含器械、农药、作业费用)。

十、农村土地政策

(一)土地承包关系稳定并长久不变政策

以家庭承包经营为基础、统分结合的双层经营体制,是我国农村基本经营制度。《中华人民共和国土地管理法》规定,农民集体所有和国家所有依法由农民集体使用的耕地、林地、草地,以及其他依法用于农业的土地,采取农村集体经济组织内部的家庭承包方式承包。不宜采取家庭承包方式的荒山、荒沟、荒丘、荒滩等,可以采取招标、拍卖、公开协商等方式承包,从事种植业、林业、畜牧业、渔业生产。家庭承包的耕地承包期为30年,草地的承包期为30~50年,林地的承包期为30~70年;耕地承包期届满后再延长30年,草地、林地承包期届满后依法相应延长。

我国土地第二轮承包从1993年开始,到1999年基本完成。如果按承包期30年计算,最早到2023年土地承包期就将大批到期。截至2019年年底,我国农村承包地约15亿亩,这将影响近2亿农户的利益。为了应对这一问题,充分保障农民土地承包权益,进一步完善农村土地承包经营制度,推进实施乡村振兴战略,2019年11月发布了《中共中央国务院关于保持土地承包关系稳定并长久不变的意见》,明确了第二轮土地承包到期后再延长30年,使农村土地承包关系从第一轮承包开始保持稳定长达75年。归纳起来就是"两不变、一稳定",即保持土地集体所有、家庭承包经营的基本制度长久不变,保持农户依法承包集体土地的基本权利长久不变,保持农户承包地稳定。

1. 承包地不打乱重包

第二轮土地承包到期后坚持延包原则,不得将承包地打乱重分,确保绝大多数农户原有承包地继续保持稳定。现有承包地在第二轮土地承包到期后由农户继续承包,承包期再延长30年,以各地第二轮土地承包到期为起点计算。继续提倡"增人不增地、减人不减地"。进入新的承包期后,因承包方家庭人口增加、缺地少地导致生活困难的,当地政府帮助其提高就业技能,提供就业服务,做好社会保障工作。因家庭成员全部死亡而导致承包方消亡的,发包方依法收回承包地,另行发包。通过家庭承包取得土地承包权的,承包方应得的承包收益,依照继承法的规定继承。

2. 承包地可以微调

对少数存在承包地因自然灾害毁损等特殊情形且群众普遍要求调地的村组,可按照大稳定、小调整的原则,由农民集体民主协商,经本集体经济组织成员的村民会议2/3以上成员或者2/3以上村民代表同意,并报乡镇政府和县级政府农业农村等主管部门批准,可在个别农户间做适当调整,但要依法依规从严掌握。

3. 合法持证

以承包地确权登记颁证为基础,已颁发的土地承包权利证书,在新的承包期继续有效且不变不换,证书记载的承包期限届时做统一变更。对个别调地的,在合同、登记簿和证书上做相应变更处理。

4. 维护农户权益

维护进城农户土地承包权益,现阶段不得以退出土地承包权作为农户进城落户的条件。对承包农户进城落户的,引导支持其按照自愿有偿原则依法在本集体经济组织内转让土地承包权或将承包地退还集体经济组织,也可鼓励其多种形式流转承包地经营权。对长期弃耕抛荒承包地的,发包方可以依法采取措施防止和纠正弃耕抛荒行为。

土地承包到期后,按照国家规定,任何组织和个人都不能剥夺和非法限制农民依法承包的土地。农民家庭是土地承包经营的法定主体,发包方及其他经济组织或个人不得违法调整其承包地。当第二轮土地承包到期,国家会坚持延包原则,不会将承包地打乱重分,确保绝大多数农民原有承包地继续保持稳定。

农民进城落户以后,国家会保护农民的土地承包经营权,地方政府不得把退出农户土地承包经营权作为城市落户的条件。对进城落户的农民,如果农民愿意,可以在自愿且有偿的情况下,将承包地退还给集体,或者在集体成员内转让承包权。如果农民不愿意,可以保留承包权,允许农民通过流转经营权或者通过代耕托管来实现土地收益。

5. 国家保障措施

(1)承包地确权登记颁证。承包地确权登记颁证是稳定农村土地承包关系的重大举措,在前期基本完成确权登记颁证工作的基础上,国家继续做好收尾工作、化解遗留问题,做到应发尽发。健全承包合同取得权利、登记记载权利、证书证明权利的确权登记制度,并做好与不动产统一登记工作的衔接,赋予农民更有保障的土地承包权益。

(2)开展延包试点。在前期承包即将到期的部分县,开展第二轮土地承包到期后再延长 30 年试点。对延包的具体办法、程序、配套政策等进行探索。在延包政策大面积操作实行之前,国家还会出台专门指导意见。

(3)健全农村土地承包相关法律和政策。国家按照 2018 年新修正的《中华人民共和国农村土地承包法》,对《农村土地承包经营权流转管理办法》进行了修订,并于 2021 年 3 月 1 日起施行新的《农村土地经营权流转管理办法》。通过健全相关配套法律法规和政策措施,建立健全保持土地承包关系稳定并长久不变、维护农户

土地承包权益等方面的制度体系。

新修订出台的《农村土地经营权流转管理办法》对建立健全工商企业等社会资本通过流转取得土地经营权的准入监管制度作了详细规定，明确要求地方人民政府依法建立分级资格审查和项目审核制度，并规定了审查、审核的一般程序，引导工商企业等社会资本规范流转土地经营权，从而更好地保障流转双方合法权益。

（二）农村土地"三权分置"政策

改革开放之初，我国在农村实行家庭联产承包责任制，将土地所有权和承包经营权分设，所有权归集体，承包经营权归农户，极大地调动了亿万农民积极性，有效解决了温饱问题。现阶段国家深化农村土地制度改革，顺应农民保留土地承包权、流转土地经营权的意愿，将土地承包经营权分为承包权和经营权，实行所有权、承包权、经营权分置并行，着力推进农业现代化。

农村土地"三权分置"是指实行农村土地所有权、承包权、经营权（以下简称"三权"）分置并行，这是我国农业农村领域继家庭承包制后又一次重大理论突破和制度创新。2016年10月，中共中央办公厅、国务院办公厅印发《关于完善农村土地所有权承包权经营权分置办法的意见》，明确要求不断探索农村土地集体所有制的有效实现形式，落实集体所有权，稳定农户承包权，放活土地经营权，充分发挥"三权"各自功能和整体效用，形成层次分明、结构合理、平等保护的格局。

1."三权"关系

农村土地集体所有权是土地承包权的前提，农户享有承包经营权是集体所有的具体实现形式，在土地流转中，农户承包经营权派生出土地经营权。

农村土地农民集体所有，是农村基本经营制度的根本，必须得到充分体现和保障，不能虚置。土地集体所有权人对集体土地依

十、农村土地政策

法享有占有、使用、收益和处分的权利。农户享有土地承包权是农村基本经营制度的基础,国家明确提出稳定现有土地承包关系并保持长久不变。土地承包权人对承包土地依法享有占有、使用和收益的权利。农村集体土地由作为本集体经济组织成员的农民家庭承包,不论经营权如何流转,集体土地承包权都属于农民家庭。任何组织和个人都不能取代农民家庭的土地承包地位,都不能非法剥夺和限制农户的土地承包权。

赋予经营主体更有保障的土地经营权,是完善农村基本经营制度的关键。土地经营权人对流转土地依法享有在一定期限内占有、耕作并取得相应收益的权利。在依法保护集体所有权和农户承包权的前提下,平等保护经营主体依流转合同取得的土地经营权,保障其有稳定的经营预期。

2. 对"三权"的管理与保护

农民集体是土地集体所有权的权利主体,国家充分维护农民集体对承包地发包、调整、监督、收回等各项权能,发挥土地集体所有的优势和作用。农民集体有权依法发包集体土地,任何组织和个人不得非法干预;有权因自然灾害严重毁损等特殊情形依法调整承包地;有权对承包农户和经营主体使用承包地进行监督,并采取措施防止和纠正长期抛荒、毁损土地、非法改变土地用途等行为。承包农户转让土地承包权的,应在本集体经济组织内进行,并经农民集体同意;流转土地经营权的,须向农民集体书面备案。集体土地被征收的,农民集体有权就征地补偿安置方案等提出意见并依法获得补偿。

国家充分维护承包农户使用、流转、抵押、退出承包地等各项权能。承包农户有权占有、使用承包地,依法依规建设必要的农业生产、附属、配套设施,自主组织生产经营和处置产品并获得收益;有权通过转让、互换、出租、转包、入股或其他方式流转承包地并获得收益,任何组织和个人不得强迫或限制其流转土地;有权依法依规就承包土地经营权设定抵押、自愿有偿退出承包地,具备条件的可以因保护承包地获得相关补贴。承包土地被征收的,承包农户有权依法获得相应补偿,符合条件的有权获得社会保障费用等。不得违法调整农户承包地,不得以退出土地承包权作为农民进城落户的条件。

国家依法维护经营主体从事农业生产所需的各项权利,经营主体有权使用流转土地自主从事农业生产经营并获得相应收益,经承包农户同意,可依法依规改良土壤、提升地力,建设农业生产、附属、配套设施,并依照流转合同约定获得合理补偿;有权在流转合同到期后按照同等条件优先续租承包土地。经营主体再流转土地经营权或依法依规设定抵押,须经承包农户或其委托代理人书面同意,并向农民集体书面备案。流转土地被征收的,地上附着物及青苗补偿费应按照流转合同约定确定其归属。承包农户流转出土地经营权的,不应妨碍经营主体行使合法权利。国家支持新型农业经营主体流转土地经营权,支持新型农业经营主体提升地力、改善农业生产条件、依法依规开展土地经营权抵押融资。鼓励采用土地股份合作、土地托管、代耕代种等多种经营方式,探索更多放活土地经营权的有效途径。

此外,2018年12月修正的《中华人民共和国农村土地承包法》确立了"三权"分置的法律制度,对农村土地经营权作了具体规定,赋予土地经营权入股、融资担保的权能。

3. 土地经营权流转方式

国家鼓励各地创新土地经营权流转方式,目前土地经营权流转主要有5种方式。

(1)互换。承包方之间为方便耕作或者各自需要,对属于同一集体经济组织的承包地块进行交换,同时交换相应的土地承包经营权。

(2)出租。承包方将部分或全部土地承包经营权以一定期限

十、农村土地政策

租赁给他人从事农业生产经营。出租后原土地承包关系不变,原承包方继续履行原土地承包合同规定的权利和义务。承租方按出租时约定的条件对承包方负责。

(3)转包。承包方将部分或全部土地承包经营权以一定期限转给同一集体经济组织的其他农户从事农业生产经营。转包后原土地承包关系不变,原承包方继续履行原土地承包合同规定的权利和义务。接包方按转包时约定的条件对转包方负责。

(4)入股。实行家庭承包方式的承包方之间为发展农业经济,将土地承包经营权作为股权,自愿联合从事农业合作生产经营;其他承包方式的承包方将土地承包经营权量化为股权,入股组成股份公司或者合作社等,从事农业生产经营。

(5)转让。承包方有稳定的非农职业或者有稳定的收入来源,经承包方申请和发包方同意,将部分或全部土地承包经营权让渡给其他从事农业生产经营的农户,由其履行相应土地承包合同的权利和义务。转让后原土地承包关系自行终止,原承包方承包期内的土地承包经营权部分或全部灭失。

需要注意的是采取转包、出租、入股、互换或者其他方式流转的,承包方应当及时向发包方备案(流转合同备案并非合同成立和有效的必要条件);以转让方式流转的,应当事先向发包方提出转让申请。承包方未经发包方同意,采取转让方式流转其土地承包经营权的,转让合同无效,但发包方无法定理由不同意或者拖延表态的除外。因此,农民朋友在流转土地经营权时,一定要根据自己的实际情况选择合适的流转方式。

(三)高标准农田建设政策

确保重要农产品特别是粮食供给,是实施乡村振兴战略的首要任务。建设高标准农田,是巩固和提高粮食生产能力、保障国家粮食安全的关键举措。近年来,国家实施高标准农田建设工程,大

力推进高标准农田建设,提升国家粮食安全保障能力。

2019年印发的《国务院办公厅关于切实加强高标准农田建设提升国家粮食安全保障能力的意见》提出,到2020年,全国建成8亿亩集中连片、旱涝保收、节水高效、稳产高产、生态友好的高标准农田;到2022年,建成10亿亩高标准农田,以此稳定保障1万亿斤以上粮食产能;到2035年,通过持续改造提升,全国高标准农田保有量进一步提高,不断夯实国家粮食安全保障基础。

高标准农田是指土地平整、集中连片、设施完善、农电配套、土壤肥沃、生态良好、抗灾能力强,与现代农业生产和经营方式相适应的旱涝保收、高产稳产,划定为永久基本农田的耕地。它属于"田成方、土成型、渠成网、路相通、沟相连、土壤肥沃、旱能灌溉、涝能排出、无污染、产量高"的稳定保量的粮田。

目前高标准农田建设项目实施区域为全国范围内符合高标准农田建设项目立项条件的耕地,优先在粮食生产功能区、重要农产品生产保护区和永久基本农田保护区开展高标准农田建设,集中力量加快小麦、稻谷生产功能区高标准农田建设,积极支持种粮大户、家庭农场、农民专业合作社、农业企业等新型农业经营主体建设高标准农田。2021年全国计划新建高标准农田1亿亩、统筹发展高效节水灌溉1 500万亩。

1. 高标准农田建设的选地标准

高标准农田建设项目要求耕地资源丰富,开发潜力较大;水源有保证,灌排骨干工程建设条件基本具备,农业灌溉以利用地表水为主;区域产业发展规划明确,有一定的产业发展基础;新型农业经营主体具有一定规模;地方政府和农民群众积极性较高。

重点在资源环境承载能力强、能够永续利用的区域建设高标准农田;禁止在25°以上坡耕地、退耕还林还草地区、土壤污染严重地区、地下水超采严重地区、自然保护区的核心区和缓冲区以及围湖造田、填海造田区建设高标准农田。

十、农村土地政策

2. 高标准农田保护要求和措施

国家要求,对建成的高标准农田,要划为永久基本农田,实行特殊保护,防止"非农化",任何单位和个人不得损毁、擅自占用或改变用途。严格耕地占用审批,经依法批准占用高标准农田的,要及时补充,确保高标准农田数量不减少、质量不降低。对水毁等自然损毁的高标准农田,要纳入年度建设任务,及时进行修复或补充。完善粮食主产区利益补偿机制和种粮激励政策,引导高标准农田集中用于重要农产品特别是粮食生产。探索合理耕作制度,实行用地养地相结合,加强后续培肥,防止地力下降。严禁将不达标污水排入农田,严禁将生活垃圾、工业废弃物等倾倒、排放、堆存到农田。国家要求各地提高土地出让收益用于高标准农田建设的比例,加大政府债券支持高标准农田建设的力度,以先建后补、以奖代补、政府和社会资本合作等模式撬动金融资本、社会资本投入,保障高标准农田建设资金需求,提高建设质量。

3. 单个项目治理面积

原则上平原地区不低于 5 000 亩,丘陵山区不低于 2 000 亩。如果受自然条件限制,单个项目相对连片开发面积不到上述要求的,可在同一流域或同一灌区范围内选择面积相对较大的若干地块作为一个项目区,但应避免地块过于分散。

国家鼓励新型农业经营主体直接申报承建高标准农田,要求申报承建高标准农田的专业大户、家庭农场,须经当地有关职能部门认定或登记;涉农企业和农民专业合作组织,须在有关职能部门注册登记,财务状况良好,具有一定经营规模、可持续经营能力和自筹资金能力,没有不良诚信记录。

在治理面积上,针对新型农业经营主体适当降低试点项目的治理面积要求。由各省份结合区域自然经济条件、农村劳动力转移、农业机械化水平等因素,确定单个试点项目的连片治理面积申报下限。在同等条件下,对连片面积较大的项目,予以优先扶持。

4. 补贴标准

以省份为单位加权平均计算,亩均财政资金投入不超过1 500元。北京、天津、上海、大连、青岛、宁波、厦门、浙江、福建、海南、西藏等可根据实际情况做适当提高。新疆生产建设兵团、黑龙江省农垦总局、广东省农垦总局以兵团(总局)加权平均,亩均财政资金投入不超过1 100元。鼓励各地在确保完成新增建设目标任务的前提下,利用地方自有建设资金,对未达标的历史项目区进行改造提升。

5. 自筹资金

对治理面积大、受益农民多的高标准农田建设项目,在不突破一事一议限定额度标准的前提下,积极鼓励和引导受益农民(或农村集体经济组织)筹资投劳进行投入。

针对农民专业合作组织、专业大户、家庭农场申报承建的高标准农田建设项目,国家要求自筹资金不得低于中央财政资金的20%;涉农企业申报承建的,自筹资金不得低于中央财政资金总额。

6. 建设内容

新型农业经营主体直接申报承建高标准农田的,在以农田基础设施建设为主的前提下,可适当将生产经营所必需的配套设施,如良种育苗、仓库晒场、农机具及配套库房、粮食晾晒烘干设备等纳入建设内容,并确保不与其他渠道财政资金重复安排。

7. 申报流程

项目乡镇、新型农业经营主体上报申报材料—县、市级农业农村部门审查审批—省级审查、批复—申报单位编制年度实施计划—项目实施计划报送、备案。

(四)耕地轮作休耕制度

推进耕地轮作休耕是促进耕地休养生息、保护提升地力的重

要措施。2016年国家启动耕地轮作休耕制度试点,农业农村部会同财政部等有关部门,以资源约束紧、生态保护压力大的地区为重点,推进耕地轮作休耕制度试点工作。2016—2020年,全国耕地轮作休耕制度试点面积由616万亩扩大到3112万亩,试点省份由9个增加到17个,试点面积不断扩大,试点省份逐渐增加。

1. 实施范围

轮作休耕试点并不是在全国都实施,按照中央关于"适当调整轮作休耕试点,扩大轮作、减少休耕,轮作以种植粮食作物为主"的总体要求,截至2020年,开展轮作休耕试点的省份有河北、内蒙古、辽宁、吉林、黑龙江、江苏、安徽、江西、山东、河南、湖北、湖南、四川、贵州、云南、新疆、甘肃。2020年,轮作试点主要在东北冷凉区、北方农牧交错区、西北地区、黄淮海地区和长江流域实施,开展粮油等轮作模式,支持南方地区开展稻稻油轮作,恢复发展双季稻;休耕试点主要在河北、黑龙江、新疆地下水超采区实施。

2. 轮作和休耕的技术路径

(1)轮作地区。

①长江流域:在小麦稻谷低质低效区实行稻油、稻菜、稻肥等轮作,改良土壤,提高地力,减少无效供给,增加有效供给;在湖北、湖南、四川大力开发冬闲田扩种油菜,推广玉米与大豆轮作或间套作。

②黄淮海地区:推行玉米改种大豆为主,兼顾花生、油菜等油料作物,推行马铃薯与胡麻、杂粮杂豆等作物轮作,改善土壤理化性状,减轻连作障碍。

③东北冷凉区和北方农牧交错区:推广"一主多辅"种植模式,以玉米与大豆轮作为主,玉米与杂粮杂豆、薯类、饲草、油料等作物轮作为辅,形成合理的轮作模式,基本改变以玉米为主的连作、重迎茬状况。

(2)休耕地区。

①新疆塔里木河流域地下水超采区:重点在严重缺水、盐渍化严重的南疆塔里木河流域实施,将耗水量大、靠抽取地下水灌溉的冬小麦休耕,减少农事活动,减少地下水抽取,力争地下水超采势头得到有效遏制,满足胡杨林正常生长发育的需求。

②河北地下水漏斗区:连续多年实施季节性休耕,实行"一季休耕、一季种植",将需抽水灌溉的冬小麦休耕,只种植雨热同季的玉米、油料、棉花和耐旱耐瘠薄的杂粮杂豆等,减少地下水用量。休耕期间鼓励种植绿肥,减少地表裸露,培肥地力。

③黑龙江寒地井灌稻地下水超采区:重点在黑龙江三江平原地下水明显下降的井灌稻区开展休耕试点。休耕期间深耕深松,鼓励种植苜蓿或油菜等肥田养地作物,提升耕地质量,力争地下水下降势头得到有效遏制,粳稻过剩状况得到改善。

(3)补助标准和方式。

中央财政对耕地轮作休耕制度试点给予补助,各试点省份根据实际情况出台具体补助标准。一般情况下,轮作试点每亩补助150元,休耕试点每亩补助500~800元。在补助方式上,可以补现金,可以补实物,也可以购买社会化服务,多措并举。

(五)东北黑土地保护利用政策

东北是我国重要的粮食生产优势区、最大的商品粮生产基地,对保障国家粮食安全发挥着举足轻重的作用。为加强东北黑土地保护、提升粮食综合生产能力、实现农业可持续发展,国家先后出台了《东北黑土地保护规划纲要(2017—2030年)》《东北黑土地保护性耕作行动计划(2020—2025年)》,在内蒙古东部、辽宁、吉林和黑龙江全面推广应用保护性耕作。

国家鼓励探索东北黑土地保护奖补措施,地方政府可以统筹中央对地方转移支付中的相关涉农资金,用于黑土地保护工作。

十、农村土地政策

地方政府可以结合高标准农田建设等现有投入渠道,支持采取工程和技术相结合的综合措施,开展土壤改良、地力培肥、治理修复等。对深松机、秸秆还田机等农机购置实行敞开补贴。

在服务机制方面,地方政府采取政府购买服务方式,发挥财政投入的杠杆作用,鼓励第三方社会服务组织参与有机肥推广应用。在集中养殖区吸引社会主体参与建设与运营"粮—沼—畜""粮—肥—畜"设施。通过补助、贷款贴息、设立引导性基金以及先建后补等方式,撬动政策性金融资本投入,引导商业性经营资本进入,调动社会化组织和专业化企业等社会力量参与的积极性。

1. 保护目标

(1)保护面积。到 2030 年,集中连片、整体推进,实施黑土地保护面积 2.5 亿亩(内蒙古自治区 0.21 亿亩、辽宁省 0.19 亿亩、吉林省 0.62 亿亩、黑龙江省 1.48 亿亩),基本覆盖主要黑土区耕地。通过修复治理和配套设施建设,加快建成一批集中连片、土壤肥沃、生态良好、设施配套、产能稳定的商品粮基地。

(2)耕地质量。到 2030 年,东北黑土区耕地质量平均提高 1 个等级(别)以上;土壤有机质含量平均达到 32 克/千克以上、提高 2 克/千克以上(其中辽河平原平均达到 20 克/千克以上、提高 3 克/千克以上)。通过土壤改良、地力培肥和治理修复,有效遏制黑土地退化,持续提升黑土地耕地质量,改善黑土区生态环境。

2. 重点任务和保护范围

(1)在 8 个县(市、旗、区)开展整建制推进示范,每县示范面积 50 万亩以上,至少建设 10 个万亩以上集中连片示范区。黑土地保护利用治理模式示范推广到各乡(镇),鼓励有条件的地方开展整乡(镇)示范,在实施 5 年以上的项目县实现 20%的乡(镇)整建制示范。

实施范围:内蒙古自治区阿荣旗,辽宁省铁岭县,吉林省松原市宁江区、公主岭市,黑龙江省龙江县、克山县、桦川县、海伦市。

(2)在 24 个县(市、旗、农场)开展黑土地保护利用试点,每县

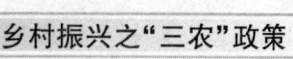

示范面积20万亩以上,至少建设3个万亩以上集中连片示范区。在实施两年以上的项目县,黑土地保护利用治理模式要示范推广到20%的乡(镇),鼓励有条件的地方开展整乡(镇)示范。

实施范围:内蒙古自治区开鲁县、鄂伦春自治旗、莫力达瓦达斡尔族自治旗,辽宁省台安县、新民市、灯塔市,吉林省前郭尔罗斯蒙古族自治县、双辽市、梨树县、伊通满族自治县、东丰县、辉南县、柳河县,黑龙江省五常市、宾县、巴彦县、富锦县、青冈县、绥棱县、五大连池市、密山市、虎林市、宝清县,黑龙江省农垦总局宝泉岭农场。

3. 技术模式及要求

(1)内蒙古自治区。内蒙古自治区实施保护性耕作主推两种技术模式:一是秋季作物收获后秸秆全量覆盖越冬+春季免少耕播种;二是玉米秋季收获后留高茬或秸秆部分覆盖越冬+春季免少耕播种,原则上残茬与残留秸秆覆盖量之和不低于秸秆全量的10%。具体可以采用以下几种作业方式:

①秸秆全量或部分覆盖+免耕播种;

②秸秆(或根茬)粉碎覆盖+免耕播种;

③秸秆归行+免少耕播种。

其中,秸秆处理应在春播前进行。保护性耕作地块不能进行旋耕和翻耕等动土量大的作业;视土壤情况可进行单一深松或深松+秸秆(或根茬)粉碎覆盖。秸秆处理或深松作业后,秸秆、残茬仍应覆盖在地表。

要求参与保护性耕作作业的免耕播种机选用正规企业生产的产品,且配备可靠的切茬切秆和防堵工作部件,开沟部件动土量小,播种、覆土、镇压符合播种机作业质量标准。

(2)辽宁省。辽宁省重点推广秸秆覆盖还田免耕和秸秆覆盖还田少耕两种保护性耕作技术模式。各地根据当地实际情况选择合适的技术模式。

十、农村土地政策

（3）吉林省。

①旱田作物。机械收获后秸秆覆盖还田地表越冬，春季实施机械少（免）耕播种。除条带耕作、机械深松之外，秋季收获后及春季播种前不得实施土壤耕作。秸秆覆盖还田方式包括秸秆粉碎覆盖还田、秸秆集行覆盖还田、高留根茬秸秆覆盖还田、秸秆整秆覆盖还田等。秸秆翻埋、耙混、旋耕、联合整地等不在保护性耕作补助范围。

②水田作物。机械收获后，秸秆粉碎抛撒地表，秋季采用水田耙浆机一次完成旋耕、埋茬、打浆、平地等机械化作业。

③高标准应用基地。地块相对集中连片，原则上采取玉米秸秆全量覆盖还田，机械化免（少）耕播种作业，地表土壤扰动面不超过30%。县级应用基地面积不少于1 000亩、乡镇级不少于200亩。

④监测点。监测点地块种植作物、作业模式保持稳定，能够多年连续实施，持续开展土壤理化、生物性状、生产成本、作物产量变化、病虫草害变化和机具装备适用性等指标监测。

（4）黑龙江省。黑龙江省主要采用秸秆覆盖还田免耕播种和秸秆覆盖还田少耕播种两种技术模式。

①秸秆覆盖还田免耕播种。上年玉米收获时将秸秆粉碎后直接还田均匀覆盖地表，春季原垄卡种（错茬）免耕播种。通过秸秆覆盖，减少地表裸露面积，解决风蚀、水蚀及墒情不足问题。这种模式是高标准保护性耕作模式，是黑龙江省主推技术模式。

②秸秆覆盖还田少耕播种。上年玉米收获时将秸秆粉碎后直接还田均匀覆盖地表，秋季或春季播种前使用秸秆覆盖还田少耕整地机械，对垄体种床上面的秸秆（根茬）进行简单处理后，能通过终端监测到秸秆，使用免耕播种机播种。通过少耕提高地温，解决积温不足问题。黑龙江省鼓励有条件的地区向秸秆覆盖还田免耕播种模式发展。

4. 补助对象

（1）内蒙古自治区。坚持"谁经营土地、谁实际实施保护性耕作、谁享受补助"的原则，在实施区域内实际经营土地并自愿实施保护性耕作的个人和农业生产经营组织为补助对象。国家公务人员参照公务员法管理事业单位职工、事业单位职工（含聘用制职工）不在补助对象范围之列。

对以高标准保护性耕作应用基地为依托开展的农民田间培训活动、专家指导咨询、检查与评价、实施效果监测等给予适当补助。

（2）辽宁省。补助对象为自愿开展保护性耕作的农民和农业生产经营组织。对于自愿且具备相应农机作业能力和条件的农机合作社、农机户等农业生产经营组织，农业生产经营组织的年作业能力需要在500亩以上；农机户等个体作业能力需要在200亩以上。如果是补助对象代耕作业的，应在农机作业每亩实际作业价格中扣除政策补助部分后与补助对象议定作业价格和收取作业费用。

（3）吉林省。补助对象为实施保护性耕作的农机作业者或种植户，具体补助对象由各地根据实际自行确定。

（4）黑龙江省。补助对象为在计划内实施秸秆覆盖免耕播种作业的土地经营者。农机户、现代农机合作社等农业社会化服务主体为土地经营者作业，经土地经营者确认并经相关部门按程序验收合格后，再将补助资金直接发给作业者。

实施补助的地块进行免耕播种作业机车，必须全部安装免耕播种监测仪，进行作业数量和质量监控。免耕播种作业经监测仪检测合格后，方可享受免耕播种作业补贴。超额完成计划任务的同样享受补贴政策。

5. 补助标准

各地的补助标准有所不同，具体标准可参照所在地有关规定。

（1）内蒙古自治区。

作业补助。玉米秸秆全量覆盖免少耕模式补助标准为每亩不

十、农村土地政策

超过 70 元,玉米作物秸秆部分覆盖免少耕模式补助标准为每亩不超过 35 元;麦类、油菜及杂粮等作物秸秆全量覆盖免少耕模式补助标准为每亩不超过 35 元。

高标准应用基地建设补助。根据补助资金总额,综合作业补助面积、基地建设规模及内容等因素,由农业农村和财政部门确定基地建设补助标准或补助额。

(2)辽宁省。县级高标准保护性耕作应用基地不超过 5 万元/个、乡级高标准保护性耕作应用基地不超过 1 万元/个。

(3)吉林省。作业补助根据不同技术模式实行差异化补助,每亩补助不超过 40 元。

对经农业农村部门审核确立为保护性耕作高标准应用基地的地块,适当提高补助标准,每亩补助不超过 80 元。

由县(市、区)农业农村部门与委托的第三方机构根据实际商定监测所需费用,双方签订合作协议,按合同金额据实补助。涉及政府采购和购买服务的,按相关规定办理。

(4)黑龙江省。玉米秸秆覆盖还田免耕播种作业每亩补助 20 元。

6. 保护性耕作补助

中央财政从现有渠道安排东北黑土地保护性耕作补助资金,支持开展秸秆覆盖免(少)耕播种作业及建设高标准保护性耕作应用基地。秸秆覆盖免(少)耕播种作业补助对象为实施保护性耕作的农业经营主体和作业服务主体;补助标准由各地综合考虑本辖区工作基础、技术模式、成本费用等因素确定,可对不同区域不同技术模式实行差异化补助;各地采取政府购买服务、"先作业后补助、先公示后兑现"等方式支付补助资金,支持有条件的农机合作社等农业社会化服务组织承担补助作业任务,提高补助实施效率和作业质量。

十一、农业绿色发展政策

(一)《中共中央、国务院关于全面推进乡村振兴加快农业农村现代化的意见》(2021年中央1号文件)

2021年,农业供给侧结构性改革深入推进,粮食播种面积保持稳定、产量达到1.3万亿斤以上,生猪产业平稳发展,农产品质量和食品安全水平进一步提高,农民收入增长继续快于城镇居民,脱贫攻坚成果持续巩固。农业农村现代化规划启动实施,脱贫攻坚政策体系和工作机制同乡村振兴有效衔接、平稳过渡,乡村建设行动全面启动,农村人居环境整治提升,农村改革重点任务深入推进,农村社会保持和谐稳定。

到2025年,农业农村现代化取得重要进展,农业基础设施现代化迈上新台阶,农村生活设施便利化初步实现,城乡基本公共服务均等化水平明显提高。农业基础更加稳固,粮食和重要农产品供应保障更加有力,农业生产结构和区域布局明显优化,农业质量效益和竞争力明显提升,现代乡村产业体系基本形成,有条件的地区率先基本实现农业现代化。脱贫攻坚成果巩固拓展,城乡居民收入差距持续缩小。农村生产生活方式绿色转型取得积极进展,化肥农药使用量持续减少,农村生态环境得到明显改善。乡村建设行动取得明显成效,乡村面貌发生显著变化,乡村发展活力充分激发,乡村文明程度得到新提升,农村发展安全保障更加有力,农民获得感、幸福感、安全感明显提高。

关于推进农业绿色发展,提出:

(1)实施国家黑土地保护工程,推广保护性耕作模式。

(2)健全耕地休耕轮作制度。

(3)持续推进化肥农药减量增效,推广农作物病虫害绿色防控产品和技术。

(4)加强畜禽粪污资源化利用。

(5)全面实施秸秆综合利用和农膜、农药包装物回收行动,加强可降解农膜研发推广。

(6)在长江经济带、黄河流域建设一批农业面源污染综合治理示范县。

(7)支持国家农业绿色发展先行区建设。

(8)加强农产品质量和食品安全监管,发展绿色农产品、有机农产品和地理标志农产品,试行食用农产品达标合格证制度,推进国家农产品质量安全县创建。

(9)加强水生生物资源养护,推进以长江为重点的渔政执法能力建设,确保10年禁渔令有效落实,做好退捕渔民安置保障工作。

(10)发展节水农业和旱作农业。

(11)推进荒漠化、石漠化、坡耕地水土流失综合治理和土壤污染防治、重点区域地下水保护与超采治理。

(12)实施水系连通及农村水系综合整治,强化河湖长制。

(13)巩固退耕还林还草成果,完善政策、有序推进。

(14)实行林长制。

(15)科学开展大规模国土绿化行动。

(16)完善草原生态保护补助奖励政策,全面推进草原禁牧轮牧休牧,加强草原鼠害防治,稳步恢复草原生态环境。

(二)2020年农业农村绿色发展工作要点

2019年,各级农业农村部门认真贯彻党中央、国务院决策部署,落实中共中央办公厅、国务院办公厅《关于创新体制机制推进农业绿色发展的意见》精神,坚持绿色发展理念,创新工作思路,强

化工作举措,推动农业农村绿色发展取得明显成效。2020年是全面建成小康社会目标实现之年。为贯彻落实中央一号文件精神,扎实推进质量兴农、绿色兴农,不断强化绿色发展对乡村振兴的引领,制定2020年农业农村绿色发展工作要点。

1. 积极推进农业绿色生产,增加绿色优质农产品供给

(1)优化种养业结构。立足水土资源匹配性,进一步调整优化农业区域布局。在长江流域和黄淮海地区发展大豆、油菜及花生等油料作物,促进地力培肥和种养循环发展。巩固东北冷凉、西北风沙干旱等非优势区玉米结构调整成果。加强优质牧草生产基地建设,以北方农牧交错带为重点实施粮改饲面积1 200万亩以上,建设高产优质苜蓿基地100万亩。

(2)推行标准化生产。加快建立农业高质量发展标准体系,制定修订农兽药残留标准1 100项,其他行业标准200项。创新开展绿色高质高效行动,创建一批标准化基地,推广一批粮油和经济作物生产全过程高质高效技术模式。实施对标达标提升行动,鼓励龙头企业、农民专业合作社等规模生产经营主体按标生产,有条件的可申请良好农业规范认证。鼓励国家农产品质量安全县整建制推行全程标准化生产。

(3)发展生态健康养殖。继续实施兽用抗菌药使用减量化行动,在至少100家养殖场开展试点。创建国家级水产健康养殖示范场200家以上、健康养殖示范县5个以上,重点发展池塘工程化、工厂化循环水养殖。稳步发展稻渔综合种养,积极发展深远海抗风浪网箱养殖和盐碱水渔农综合利用,大力发展大水面生态渔业,鼓励发展碳汇渔业,支持深远海养殖业发展。

(4)提高农产品质量安全水平。试行食用农产品合格证制度,建立生产者自我质量控制、自我开具合格证和自我质量安全承诺制度。加强绿色食品、有机农产品、地理标志农产品认证和管理,实施地理标志农产品保护工程,培育打造200个地理标志农产品。

十一、农业绿色发展政策

开展国家农业品牌营销行动,继续发布中国农业品牌目录。启动实施农产品仓储保鲜冷链物流设施建设工程,减少农产品流通损耗。推进农产品质量安全"区域定格、网格定人、人员定责"的网格化管理,增加产地、"三前"环节、禁用药物抽检比例。

2. 加强农业突出环境问题治理,净化产地环境

(1)持续推进化肥减量增效。深入实施化肥减量增效行动,确保化肥利用率提高到40%以上,保持化肥使用量负增长。选择300个粮棉油生产大县开展化肥减量增效试点,集成推广水稻侧深施肥、玉米种肥同播、小麦一次性施肥等高效施肥技术,示范带动全国化肥减量增效。持续推进测土配方施肥农企合作,科学制定大配方,推进配方肥落地。果菜茶有机肥替代化肥试点实施范围向长江经济带、黄河流域等区域倾斜,试点作物从苹果、柑橘、蔬菜、茶叶向其他具有地方特色、节肥潜力大的园艺作物拓展。

(2)持续推进农药减量控害。深入开展农药减量增效行动,确保农药利用率提高到40%以上,保持农药使用量负增长。实施绿色防控替代化学防治行动,继续创建100个绿色防控示范县,推广生态控制、生物防治等绿色技术和新型植保机械,推行专业化统防统治。在粮食主产区和果菜茶优势区,打造一批全程绿色防控示范样板,带动农药大面积减量增效,力争主要农作物病虫害绿色防控覆盖率达到30%以上。加强农药安全使用监督检查,加大违规使用农药问题的查处力度。

(3)推进畜禽粪污资源化利用。基本完成大规模养殖场粪污治理设施建设。组织开展规模养殖场粪污处理设施装备配套建设情况核查,确保配套率达到95%以上。持续实施畜禽粪污资源化利用整县推进,先行将100个左右具备条件的非畜牧大县纳入实施范围。健全畜禽粪污处理利用标准体系,鼓励发展收贮运社会化服务组织,探索粪肥运输、施用引导激励政策。

(4)全面实施秸秆综合利用行动。以东北地区为重点,持续推

进秸秆综合利用,建设一批全域全量利用重点县。成立秸秆综合利用技术专家组,指导开展技术示范、模式集成,提升农作物秸秆科学利用水平。建立全国秸秆资源台账,探索搭建国家、省、市、县4级秸秆资源数据共享平台,为实现秸秆利用精准监测、科学决策提供依据。

(5)深入实施农膜回收行动。出台《农用薄膜管理办法》,建立全程监管体系。积极贯彻落实地膜新国标,加大执法检查力度,严禁不达标地膜流入市场、铺进农田。建设一批农膜回收重点县,推广应用标准地膜,推进机械化捡拾、专业化回收。持续开展地膜残留例行监测,掌握农田地膜残留量、使用量、回收量等。试验示范全生物降解地膜。

(6)探索开展农药肥料包装废弃物回收。会同生态环境部制定印发《农药包装废弃物回收处理管理办法》。开展农药包装废弃物回收情况监测调查。落实《肥料包装废弃物回收处理指导意见》,探索开展肥料包装废弃物回收处理试点。支持各地探索农药肥料包装废弃物回收模式,合理划分生产企业、经营单位、使用者的回收义务,鼓励使用者主动回收农药化肥包装废弃物。

(7)强化土壤污染管控与修复。围绕落实《土壤污染防治行动计划》目标任务,完成耕地土壤环境质量类别划分,健全农产品产地土壤环境质量监测网,聚焦重点区域、重点作物,坚持治用结合,在轻中度污染耕地推广安全利用技术,对重度污染耕地实施种植结构调整,全年治理面积5 000万亩左右。

3. 强化农业资源保护,提高资源利用效率

(1)继续加强耕地资源保护利用。继续实施耕地轮作休耕制度试点,坚持轮作为主、休耕为辅。逐步退出地方积极性不高、试点效果一般、3年试点到期的休耕任务。以东北玉米主产区为重点,启动东北黑土地保护性耕作行动计划,推广秸秆覆盖还田免(少)耕播种等关键技术,面积达到4 000万亩。继续实施耕地质

十一、农业绿色发展政策

量提升行动,开展耕地质量监测评价。

(2)加快发展节水农业。以玉米、马铃薯、棉花、蔬菜、瓜果等作物为重点,大力推广膜下滴灌水肥一体化、集雨补灌软体集雨窖、全膜覆盖、半膜覆盖等农业旱作节水技术,提高天然降水和灌溉用水利用效率。以粮食生产功能区和重要农产品生产保护区为重点,完成2 000万亩高效节水灌溉建设任务。在华北、西北等旱作区建立高标准旱作节水示范区220个,辐射带动旱作节水农业技术大面积应用,示范区水分生产力提高10%。

(3)加强农业生物多样性保护。强化农业野生植物资源管理,推动完善国家重点保护野生植物名录,开展农业野生植物资源调查与抢救性收集。落实珍稀濒危水生生物拯救(保护)行动计划,新建一批原生境保护工程,提高重要物种资源保护水平。规范水生野生动物经营利用行为,会同相关部门严厉打击野生动物违规交易。

(4)强化渔业资源养护修复。开展水生生物增殖放流工作,健全水生生物资源增殖放流标准、评估体系。在长江流域重点水域实行常年禁捕,做好渔民退捕工作,探索长江生物完整性指数评价体系。实施海洋渔业资源总量管理,不断压减海洋捕捞强度,持续推进减船转产,推动沿海省份全面开展限额捕捞试点,规范有序发展海洋牧场。组织实施"中国渔政亮剑2020"系列专项执法行动,持续清理取缔涉渔"三无"船舶和"绝户网"。

4. 持续推进农村人居环境整治,不断改善村容村貌

(1)整治提升村容村貌。以干干净净迎小康为主题,深入开展村庄清洁行动,指导各地在着力清理环境脏乱差、提升村容村貌的基础上,着力引导农民群众转变不良生活习惯,养成科学卫生健康的生活方式,不断健全长效保洁机制。以中西部地区为重点,实施农村人居环境整治整县推进工程,统筹推进农村生活垃圾污水治理等农村人居环境整治工作。指导地方建立完善问题投诉反馈和

发现整改机制。

（2）扎实推进农村厕所革命。指导各地分类推进农村厕所革命，进一步提升农村改厕质量和成效，东部地区、中西部城市近郊区等有基础有条件的地区基本完成农村户用厕所无害化改造。做好农村厕所革命整村推进财政奖补政策组织实施工作，加强调查研究，推动奖补政策更好落实落地。组织相关部门、专家、企业等各方力量，推动农村三格式户厕建设、运行维护以及村镇集中下水道收集户厕建设等规范编制。

（3）推进美丽宜居乡村建设。积极总结推广典型经验做法，指导各地因地制宜分类推动美丽宜居村庄建设。积极开发绿色生态产品和服务产品，大力发展休闲采摘、观光旅游等新产业新业态，提供观光农业、游憩休闲、生态教育等服务，打造特色突出、主题鲜明的休闲农业和乡村旅游精品，将生态优势转化为经济优势。

5. 强化统筹和试验试点，夯实农业绿色发展基础

（1）推进农业绿色发展先行先试支撑体系建设。在国家农业绿色发展先行区试点县，探索建立绿色农业技术、标准、产业、经营、政策、数字体系，集中连片开展绿色种养技术应用试验，建设一批农业绿色发展长期固定观测试验站，总结不同生态类型、不同作物品种的农业绿色发展典型模式。组织举办农业绿色发展先行先试支撑体系建设工作研讨班。

（2）统筹推动重点区域农业绿色发展。坚持"共抓大保护、不搞大开发"，指导长江经济带省区扎实开展生态环境突出问题整改，大力推进农业面源污染治理，持续做好畜禽粪污资源化利用，实施水产养殖尾水有效处理或循环利用；强化水生生物资源保护，加大珍稀濒危水生生物及其栖息地保护力度。指导推动沿黄省区加强农业生态保护，发展节水农业，推行绿色生产方式，调整农业结构，配合做好黄河流域生态保护与高质量发展规划纲要编制工作。

十一、农业绿色发展政策

(3)加强农业绿色发展基础性工作。启动《全国农业绿色发展规划(2021—2025年)》编制工作。加强《关于创新体制机制推进农业绿色发展的意见》重点工作调度,加快推进目标任务落实,相关情况报党中央、国务院。组织召开农业绿色发展研讨会,发布《中国农业绿色发展报告2019》。继续以国家农业绿色发展先行区为重点,开展农业资源台账建设。完善农业绿色发展研究体系,推动将中国农业资源与区划学会更名为中国农业绿色发展研究会。

(三)畜禽粪污资源化利用政策

促进畜牧业绿色可持续发展道路上,抓好畜禽粪污资源化利用是重要一环,近年来国家建立健全畜禽养殖废弃物资源化利用制度,并自2017年启动畜禽粪污资源化利用行动,提高畜禽粪污综合利用率、消除面源污染、提高土地肥力。

1. 相关财政税收政策

在财政补贴上,对畜禽养殖废弃物资源化利用装备的采买,国家鼓励地方政府利用中央财政农机购置补贴资金实行敞开补贴。鼓励开展规模化生物天然气工程和大中型沼气工程建设,落实沼气发电上网标杆电价和上网电量全额保障性收购政策,降低单机发电功率门槛。生物天然气符合城市燃气管网入网技术标准的,经营燃气管网的企业要接收其入网。

支持生物天然气和沼气工程开展碳交易项目,落实沼气和生物天然气增值税即征即退政策。在畜禽养殖废弃物资源化利用上,国家要求地方财政加大投入,支持规模养殖场、第三方处理企业、社会化服务组织建设粪污处理设施,在农业肥料的使用上,积极推广有机肥的使用。鼓励地方政府和社会资本设立投资基金,创新粪污资源化利用设施建设和运营模式。

2. 用电与用地政策

落实规模养殖场内养殖相关活动农业用电政策。

落实畜禽规模养殖用地,并与土地利用总体规划相衔接。完善规模养殖设施用地政策,提高设施用地利用效率,提高规模养殖场粪污资源化利用和有机肥生产建造设施用地占比及规模上限。鼓励各地将以畜禽养殖废弃物为主要原料的规模化生物天然气工程、大型沼气工程、有机肥厂、集中处理中心建设用地纳入土地利用总体规划,在年度用地计划中优先安排。

3. 落实畜禽粪污资源化利用行动

加大对畜牧大县的重点扶持力度,对整县推进在模式上进行积极探索。以畜禽规模养殖场为重点,突出生猪、奶牛、肉牛三大畜种,指导老场改造升级,严格规范管理新场,鼓励集中处理养殖密集区,推进种养结合、农牧循环发展。因地制宜推广经济适用的粪污资源化利用模式,根据粪污消纳用地的作物和土壤特性,推广便捷高效的有机肥利用技术和装备,做到可持续运行、科学还田利用。

(1)中央财政重点支持内容。中央投资重点支持内容包括建设畜禽粪污收集、贮存、处理、利用等环节的基础设施。项目县以"填平补齐"为原则,依据自身基础条件,确定项目建设内容。

区域性粪污集中处理中心。支持周边中小规模养殖场(户)建设粪污收集储存设施和小型厌氧处理设施,支持建设粪污集中收集、贮存、有机肥生产加工等基础设施和购置相关设备,支持建设粪肥田间贮存池、铺设沼液(肥水)输送管网、购置粪肥专用输送车辆。

规模化养殖场。一是粪污处理利用设施。主要针对粪污全量收集还田利用、固体粪便堆肥利用、异位发酵床、粪便垫料回用、污水肥料化利用、污水达标排放等处理模式,支持养殖场建设储粪场、污水贮存池等粪便贮存设施,建设厌氧发酵池、氧化塘、污水深度处理、堆肥发酵等设施。二是粪污处理配套设施改造升级。主要支持与粪污处理利用相关的场区养殖设施设备,以及提升养殖

十一、农业绿色发展政策

标准化水平的配套设施设备建设,重点改进节水设备,建设雨污分流、暗沟布设的污水收集系统和漏缝地板、自动刮粪板等清粪设施,配备固液分离机等设备。

大型沼气工程。以集中进行粪污处理、资源化利用的全量化能源利用模式,以及规模养殖场粪污处理和沼气利用并重的厌氧发酵模式为重点,支持专业化企业和规模养殖场建设厌氧消化装置总体容积500米以上大型沼气工程,兼顾清洁能源和有机肥料生产,实现"三沼"(沼气、沼液、沼渣)充分利用。具体包括原料收集、仓储和预处理系统、厌氧消化系统、沼气利用系统、沼肥利用系统、智能监控系统。对于给农户集中供气的项目,可适当考虑由同一业主建设的多个集中供气工程组成。

(2)中央财政补助标准。以生猪、牛存栏量(1头牛相当于5头猪)折算猪当量,确定中央财政预算内补助的分档标准。其中,猪当量为50万头及以下的,中央财政补助上限为3 000万元;猪当量为51万~99万头的,中央财政补助上限为4 500万元;猪当量为100万头及以上的,中央财政补助上限为6 000万元。项目县申请中央投资补助总额不超过补助上限。项目方案如涉及大型沼气工程,按每立方米厌氧消化装置容积中央财政补助1 500元,对单个沼气工程的中央财政补助资金不超过3 000万元,补助比例不超过该项目投资的35%。对其他项目中央财政补助资金不超过项目投资的50%。中央财政补助资金原则上分两年予以安排。

(3)支持主体。重点支持规模养殖场(户)、畜禽粪污集中处理的社会化服务组织等第三方机构。项目承担单位须为依法成立1年以上的企业或其他经济组织。

(四)农膜回收利用政策

在农业生产中,农膜在增温、保墒、护苗等方面发挥着重要作用,但与此同时残留的农膜也对农业产地环境造成很大污染,往往

乡村振兴之"三农"政策

在局部地区造成"白色污染"。为此国家出台了《农用薄膜管理办法》,用以防治农膜污染、加强农膜监督管理、保护和改善农业生态环境,并于2020年9月1日起实施。该办法所指的农用薄膜即农膜,包括用于农业生产的地膜和棚膜。

1. 农膜回收和利用补贴政策

农膜回收实行政府扶持、多方参与的原则,鼓励、支持单位和个人回收农膜。农膜使用者应当在使用期限到期前捡拾田间的非全生物降解农膜废弃物,交至回收网点或回收工作者,不得随意弃置、掩埋或者焚烧。

国家鼓励农膜生产者、销售者、回收网点、废旧农膜回收再利用企业或其他组织等开展合作,采取多种方式,建立健全农膜回收利用体系,推动废旧农膜回收、处理和再利用。鼓励个体经营者、农民专业合作社或企业建设回收网点,对包片区域内农民未捡拾干净的废旧农膜进行清理回收,同时鼓励回收网点引进适用本地区的废旧农膜回收机械开展机械回收,对回收网点给予一定补贴,用于回收场所建设、设施设备购置等。对废旧农膜回收加工企业根据其回收加工量给予一定资金奖励,多采用"以奖代补"的方式,例如甘肃省按企业每加工利用1吨废旧农膜(折纯)补贴100元的标准实行"以奖代补"。

(1) 农膜交旧领新。农民在领取农业项目补贴农膜的同时,按照一定比例[例如甘肃省是不小于1∶5(折纯)的比例]上交废旧农膜,具体由各地农业技术推广部门、农业农村和生态环境部门组织实施。

(2) 农膜以旧换新。农民按照一定比例[例如甘肃省是不小于1∶5(折纯)的比例]以旧农膜兑换高标准农膜,具体由各地农业农村和生态环境部门组织实施。

废旧农膜再利用企业按照规定享受用地、用电、用水、信贷、税收等优惠政策,国家扶持从事废旧农膜再利用的社会化服务组织

十一、农业绿色发展政策

和企业发展。

2. 农膜回收行动

自 2017 年起,农业农村部以西北地区为重点区域,以棉花、玉米、马铃薯为重点作物,启动实施了农膜回收行动,以加厚地膜应用、机械化捡拾、专业化回收、资源化利用为主攻方向,进行连片实施、整县推进、综合治理。

(五)果菜茶有机肥替代化肥政策

按照"一控两减三基本"的要求,为深入开展化肥使用量零增长行动,加快推进农业绿色发展,农业农村部自 2017 年起,实施果菜茶有机肥替代化肥行动,以果菜茶生产为重点,实施有机肥替代化肥,推进资源循环利用,实现节本增效、提质增效,探索资源节约、环境友好、产品安全、产出高效的现代农业发展之路。

1. 目标

2017 年,全国范围内选择 100 个果菜茶重点县(市、区)开展有机肥替代化肥示范,创建一批菜果茶知名品牌,集成一批可复制、可推广、可持续的有机肥替代化肥的生产运营模式,做到建一批、成一批。力争用 3~5 年时间,初步建立起有机肥替代化肥的组织方式和政策体系,集成推广有机肥替代化肥的生产技术模式,构建果菜茶有机肥替代化肥长效机制。

具体目标是"一减两提":

(1)化肥用量明显减少。到 2020 年,果菜茶优势产区化肥用量减少 20% 以上,果菜茶核心产区和知名品牌生产基地(园区)化肥用量减少 50% 以上。

(2)产品品质明显提高。到 2020 年,在果菜茶优势产区加快推进农产品质量认证,创建一批地方特色突出、特性鲜明的区域公用品牌,推动品质指标大幅提高,100%符合食品安全国家标准或农产品质量安全行业标准。

(3) 土壤质量明显提升。到 2020 年,优势产区果园土壤有机质含量达到 1.2%或提高 0.3 个百分点以上,茶园土壤有机质含量达到 1.2%或提高 0.2 个百分点以上,菜地土壤有机质含量稳定在 2%以上。果园、茶园、菜地土壤贫瘠化、酸化、次生盐渍化等问题得到有效改善。

2. 行动重点

(1)提升种植与养殖结合水平。综合考虑土地和环境承载能力,合理确定果菜茶种植规模和畜禽养殖规模,引导农民利用畜禽粪便等畜禽养殖废弃物积造施用有机肥、加工施用商品有机肥,就地就近利用好畜禽粪便等有机肥资源,实现循环利用、变废为宝。

(2)提升有机肥施用技术与配套设施水平。集成推广堆肥还田、商品有机肥施用、沼渣沼液还田、自然生草覆盖等技术模式,推进有机肥替代化肥。在果菜茶产地及周边,建设畜禽养殖废弃物堆沤和沼渣沼液无害化处理、输送及施用等设施,配套果菜茶生产的机械施肥、水肥一体化等设施,应用设施环境调控及物联网设备,提高有机肥施用和作物生产管理机械化、智能化水平。

(3)提升标准化生产与品牌创建水平。制定果菜茶有机肥替代化肥的技术规范和产品标准,推进设施标准化、生产过程标准化、投入品管理标准化,实现良好农业规范。以此为基础,创响一批地方特色突出、特性鲜明的区域公用品牌和企业品牌,提高产品知名度和附加值,促进农民持续增收和巩固脱贫成果。

(4)提升主体培育与绿色产品供给水平。制定支持有机肥生产施用的用地、用电、信贷、税收等优惠政策,优先扶持利用畜禽养殖废弃物和农作物秸秆等专业从事有机肥生产的企业和社会化服务组织。引导种养大户、农民专业合作社、龙头企业等新型农业经营主体生产有机肥、施用有机肥,打造一批绿色优质果菜茶生产基地(园区),增加中高端供给,满足市场多样化需求。

十一、农业绿色发展政策

3. 主要技术

(1)苹果。推行有机肥替代化肥,在黄土高原苹果优势产区、渤海湾苹果优势产区推广4种技术模式:一是"有机肥+配方肥"模式。在畜禽粪便等有机肥资源丰富的区域,鼓励种植大户和农民专业合作社集中积造利用堆肥,减少化肥用量。结合测土配方施肥,在城市近郊果园推广商品有机肥。二是"果—沼—畜"模式。在苹果集中产区,依托种植大户和农民专业合作社等,与规模养殖相配套,建立大型沼气设施,将沼渣沼液施于果园,减少化肥用量。三是"有机肥+水肥一体化"模式。在水肥条件较好的产区和新建果园,推进矮化密植,在增施有机肥的同时,推广水肥一体化技术,提高水肥利用效率。四是"自然生草+绿肥"模式。在水热条件适宜的区域,通过自然生草或种植绿肥覆盖土壤,减少裸露,防止水土流失,培肥地力。

(2)柑橘。推行有机肥替代化肥,在长江上中游柑橘带、赣南—湘南—桂北柑橘带、浙—闽—粤柑橘带推广4种技术模式:一是"有机肥+配方肥"模式。在畜禽粪便等有机肥资源丰富的区域,鼓励种植大户和农民专业合作社集中积造利用堆肥,减少化肥用量。结合测土配方施肥,在城市近郊果园应用商品有机肥。二是"果—沼—畜"模式。在柑橘集中产区,依托种植大户和农民专业合作社等,与规模养殖相配套,建立大型沼气设施,将沼渣沼液施于果园。三是"有机肥+水肥一体化"模式。在水肥条件较好的果园,增施有机肥的同时,推广水肥一体化技术,提高水肥利用效率。四是"自然生草+绿肥"模式。在水热条件适宜区域,通过自然生草或种植绿肥覆盖土壤,减少裸露,防止水土流失,培肥地力。

(3)设施蔬菜。推行有机肥替代化肥,在北方设施蔬菜集中产区推广4种技术模式:一是"有机肥+配方肥"模式。推广配方施肥,增施有机肥,减少化肥用量。二是"菜—沼—畜"模式。在设施蔬菜集中产区,依托种植大户和农民专业合作社等,与规模养殖相配套，建立大型沼气设施，将沼渣沼液施于设施蔬菜。三是"有机肥+水肥一体化"模式。在增施有机肥的同时，推广水肥一体化技术，重点是推广滴灌、微喷等技术，提高水肥利用效率。四是"秸秆生物反应堆"模式。推广秸秆生物反应堆，释放二氧化碳、增强光合作用，提高地温，增加土壤有机质含量，抑制土壤次生盐渍化。

（4）茶叶。推行有机肥替代化肥，在长江中下游名优绿茶重点区域、长江上中游特色和出口绿茶重点区域、西南红茶和特种茶重点区域、东南沿海优质乌龙茶重点区域推广4种技术模式：一是"有机肥+配方肥"模式。推广配方施肥，增施有机肥，减少化肥用量。二是"茶—沼—畜"模式。在茶叶集中产区，依托种植大户和农民专业合作社等，与规模养殖相配套，建立大型沼气设施，将沼渣沼液施于茶园。三是"有机肥+水肥一体化"模式。在增施有机肥的同时，推广水肥一体化技术，提高水肥利用效率。四是"有机肥+机械深施"模式。在水肥流失较严重茶园，推进农机农艺结合，因地制宜推广有机肥机械深施等技术，提高肥料利用效率。

参考文献

曹𬀩,2021.强农惠农政策一本通[M].北京:中国农业出版社.
何启生,2015.新农村新常识[M].北京:中共中央党校出版社.
刘玉坪,万翔辉,赵强,2020.新时代三农政策[M].北京:中国农业科学技术出版社.
王茜,孟宪文,朴清,2019.乡村振兴战略与现代农业产业化[M].北京:中国农业科学技术出版社.
张恋芳,何启生,2018.乡村振兴实战指南[M].北京:中国农业出版社.
张勇,2018.乡村振兴战略规划(2018—2022年)[M].北京:中国计划出版社.